Sie wollte nicht Mama sagen

Sie wollte nicht Mama sagen

ROMAN

Sylvia Maria Zöschg

ATHESIA VERLAG

AUTONOME PROVINZ BOZEN SÜDTIROL
PROVINCIA AUTONOMA DI BOLZANO ALTO ADIGE
Deutsche Kultur

Die Drucklegung dieses Buches wurde ermöglicht durch
die Südtiroler Landesregierung / Abteilung Deutsche Kultur

BIBLIOGRAFISCHE INFORMATION DER DEUTSCHEN NATIONALBIBLIOTHEK
Die Deutsche Nationalbibliothek verzeichnet diese Publikation in der Deutschen Nationalbibliografie; detaillierte bibliografische Daten sind im Internet abrufbar: http://dnb.d-nb.de

Auch als E-Book erhältlich
ISBN 978-88-6839-299-4

2017

Design & Layout: Athesia-Tappeiner Verlag
Druck: Athesia Druck, Bozen

ISBN 978-88-6839-298-7

www.athesia-tappeiner.com
buchverlag@athesia.it

designed + **produced**
IN SÜDTIROL

INHALT

nicht schlafen konnte, wusste die junge Frau immer noch, dass sie die richtige Entscheidung getroffen hatte.

Helga verbrachte ihre Zeit am liebsten mit den Menschen, die ihre Hilfe benötigten. So belastend ihre Schicksale auch sein mochten, das Gefühl, wenigstens ab und zu helfen zu können, war doch überwältigend.

Aber ihr blieb jetzt nichts anderes übrig, als endlich die Aktenberge abzuarbeiten, die sie dem Jugendrichter in ein paar Tagen vorlegen musste. Nach einer Weile lehnte sie sich erneut seufzend zurück und rieb sich die Augen. Heute konnte sie sich einfach nicht konzentrieren. Es war zu heiß und zu stickig in dem kleinen Büro.

Sie wusste nicht warum, aber ihre Gedanken schweiften ständig ab, hin zu einem ihrer ersten Fälle. Normalerweise mischte sich niemand, egal ob Verwandte, Freunde, Nachbarn oder Lehrer, ins Familiengeschehen ein. Es war ein ungeschriebenes Gesetz, dass die Entscheidungen und Handlungen der Eltern niemals hinterfragt wurden. In diesem Fall hatte jedoch eine ehemalige Lehrerin Meldung erstattet, um auf die Vernachlässigung der Kinder ihrer Nachbarn hinzuweisen. Den Anblick der halb verhungerten Kinder, die im schmutzigen Stroh auf dem kalten Boden im Flur schlafen mussten, das Kleinkind, das mit einem Seil am Treppengeländer festgebunden war und im Kot vor sich hinvegetierte, diese Bilder verfolgten Helga immer wieder.

Aber nicht alle ihrer Fälle waren so klar wie dieser. Wer konnte den Eltern die Kinder mit gutem Gewissen entziehen, bloß, weil sie kaum über die finanziellen Mittel verfügten, ihnen das Notwendigste zu bieten? Waren sie etwa in den Heimen besser aufgehoben? Helga hatte nur zu gut die verstörten Blicke der Waisenkinder vor Augen, die niemanden hatten außer ihren Betreuern. Sie war sich bewusst, dass nicht alle Erzieher mit den Kindern so umgingen, wie sie es sollten. Ein Problem waren all die ledigen Mütter, von denen manche verzweifelt weinten, wenn sie ihre Kinder in die Obhut der Pflegefamilien geben mussten.

„Es ist eine Schande“, schimpfte Helgas Kollegin Martha oft, „dass sich diese Mütter ihrer Kinder schämen müssen.“

Helga kramte in ihrer Handtasche nach einem Taschentuch und wischte sich den Schweiß von der Stirn. Bozen war mitten im Juli vor Schwüle kaum zu ertragen. Es war jetzt beinahe zwölf Uhr, Zeit für die Mittagspause. Entschlossen schob Helga den Aktenstapel zur Seite und räumte schnell den Schreibtisch auf. Gerade, als sie aufstand, klopfte jemand an die Tür.

Stirnrunzelnd seufzte sie. „Ja, herein.“

Eine junge Frau betrat den Raum. „Guten Tag“, murmelte sie leise. Sie sah Helga nur kurz an, dann senkte sie den Blick sofort wieder.

Helga öffnete den Mund, um die Frau darauf hinzuweisen, dass es Zeit für ihre Mittagspause war, dass ein anstrengender Vormittag hinter ihr lag und überhaupt ... Aber was konnte denn diese arme Frau dafür, dass Helga einen schlechten Tag hatte? Der entmutigte Tonfall und der eingeschüchterte Blick der Frau sprachen Bände. Menschen wie sie kamen nicht zum Spaß hierher. Im Gegenteil, es erforderte eine große Portion Mut, den eigenen Stolz hinunterzuschlucken, und sich an die Autorität der öffentlichen Ämter zu wenden, von denen meistens nichts Gutes zu erwarten war. Noch dazu häufig in einer Sprache, die viele von ihnen kaum beherrschten.

Helga musterte die Frau eingehend. Wer wusste denn schon, welche Odyssee sie hinter sich hatte, wie lange sie gebraucht hatte, um nach Bozen zu kommen, das richtige Gebäude zu finden, und dann erst das richtige Büro? Hatte sie es gewagt, jemanden nach dem Weg zu fragen? Die Frau trug ein schlichtes grünes Sommerkleid, welches irgendwie sackartig an ihr herabhing, als hätte sie es sich extra für diesen Anlass geborgt.

Ein paar Haarsträhnen hatten sich aus dem aschblonden Zopf gelöst und klebten an ihren verschwitzten Schläfen und auf ihrer Wange. Endlich wagte sie es, den Blick zu heben und Helga direkt anzusehen. Trotz und Verunsicherung flackerten in den traurigen dunkelblauen Augen.

„Setzen Sie sich“, Helga deutete auf den freien Stuhl vor ihrem Schreibtisch.

Die Frau seufzte leise. Etwas wie Dankbarkeit huschte über ihre Miene. Sie nahm auf der vordersten Stuhlkante Platz, legte sich ihre abgewetzte schwarze Handtasche auf die Knie und umklammerte sie mit beiden Händen. Helga bemerkte die kräftigen, von harter Arbeit geröteten Hände, die abgekauten Fingernägel, das Fehlen eines Eherings.

„Tut mir leid, dass ich erst jetzt komme. Ich musste arbeiten, und dann habe ich den Bus verpasst.“

„Sie arbeiten noch?“, fragte Helga mit Blick auf den gewölbten Leib der Frau. „Sie sind doch bestimmt im siebten oder achten Monat?“

Die Frau zuckte mit den Schultern. Ihre Miene verfinsterte sich, sie widersprach aber nicht.

„Ich bin froh, dass mein Chef mich nicht einfach rausgeworfen hat. Die Arbeit schaffe ich schon, ich helfe in der Küche aus, putze und mache den Abwasch. Ich habe dort auch ein Zimmer, da wohne ich mit meinem Jungen. Gemeldet bin ich zwar nicht, aber mein Chef sagt, wenn ich bald nach der Geburt wieder arbeiten komme, hält er mir die Stelle frei.“

Helga nickte und biss sich auf die Innenseite der Wange. Es war doch immer dasselbe. Diese jungen Dinger wurden ausgenutzt, wo es nur ging. Sie schluckte ihre Empörung hinunter.

„Woher kommen Sie denn?“, fragte sie stattdessen. Helga kannte den Ort, den die Frau ihr nannte. Es war ein kleines Dorf im Burggrafenamt. Die Sozialassistentin nahm einen Block zur Hand und machte sich Notizen.

„Eine Freundin sagte, dass mir jemand von euch vielleicht weiterhelfen kann“, fuhr die Frau schnell fort. „Ich kann es nicht bei mir behalten, das Kind. Ich habe nicht das Geld und nicht den Platz …“ Ihre Stimme wurde hektischer und schriller.

Helga hob die Hand und nickte beschwichtigend. „Schon gut, ich werde sehen, was ich für Sie tun kann. Beginnen wir von vorne, Frau … Wie ist denn überhaupt Ihr Name, und wie alt sind Sie?“

Helga lächelte aufmunternd, aber die Frau blieb wachsam.

„Angelika Mair, ich bin jetzt zweiundzwanzig Jahre alt."

„Gut, Angelika. Möchten Sie ein Glas Wasser? Sie sehen ganz erschöpft aus, kein Wunder, nach der langen Fahrt, in Ihren Umständen."

Die Frau nickte dankbar. Helga verließ kurz den Raum. Als sie mit dem Getränk zurückkam, saß sie immer noch so verkrampft da wie vorher. „Danke." Sie trank das Glas in einem Zug leer.

„Wann ist denn der Geburtstermin?" Manchmal entspannten sich die Frauen, wenn sie über ihr Kind sprachen. Bei Angelika war das nicht der Fall. Sie warf einen Blick auf ihren Bauch, als wäre er ein Fremdkörper.

„Ende August, hat der Arzt gesagt." Sie wirkte seltsam unbeteiligt: Weder Angst noch Trauer oder Wut schwangen in ihrer Stimme mit. „Ich kann es nicht behalten", wiederholte sie mit leiser Stimme.

„Ihre Eltern ..."

Angelika schnaubte. „Zu denen habe ich schon lange keinen Kontakt mehr. Seit Paul ..."

„Paul, ist das Ihr Junge?"

Angelika nickte und reckte ihr Kinn herausfordernd nach vorne.

Helga ging nicht darauf ein. Sie empörte sich schon lange nicht mehr über so etwas Banales wie uneheliche Kinder. „Wie alt ist er denn?"

„Paul ist vier Jahre alt. Sein Vater ist ein Carabiniere[1]. Ein Walscher[2] eben." Angelika lächelte humorlos. „Schon längst wieder daheim bei seiner Mama irgendwo in Süditalien. Meine Eltern haben mich rausgeworfen, als ich schwanger war. Wir hatten schon vorher immer nur Streit. Mein Vater ..." Sie schwieg und schüttelte den Kopf. Dann rieb sie sich den linken

1 Staatspolizist

2 vom keltischen „welsch"; ursprünglich für „keltisch", später für „romanisch", „französisch", „italienisch"; veraltet für „fremdländisch" – in Südtirol in der Bedeutung von „Italiener", oft abwertend verwendet

Ellenbogen und verzog den Mund, wie in Erinnerung an ein Echo vergangener Schmerzen. „Ich bin ganz gut über die Runden gekommen. Den Paul konnte ich bei meiner Tante lassen, wenn ich gearbeitet habe. Jetzt schaut oft der Franz auf ihn."

„Wer ist Franz?", hakte Helga nach, obwohl sie es sich schon denken konnte. Helga empfand Mitleid, aber auch Ungeduld für Frauen wie Angelika, die sich immer wieder in dieselbe missliche Lage brachten.

Angelika errötete und warf einen Blick auf ihren Bauch.

„Der Franz ist ein guter Mann. Er mag den Paul. Wenn er wieder Arbeit findet, wenn wir beide etwas Geld zur Seite legen können, dann suchen wir uns eine kleine Wohnung, in ein paar Monaten ... Im Zimmer ist doch kaum Platz für Paul und mich."

„Wir achten normalerweise darauf, die Geschwister nicht zu trennen."

Angelikas Miene wurde sofort wieder abweisend.

Helga nickte verstehend. Sie überlegte kurz, ob sie der jungen Frau das Kleinkinderheim vorschlagen sollte. Aber das wäre auch nur eine Übergangslösung. Entschlossen öffnete sie eine Schublade und holte ihr Adressbuch hervor. „Ich glaube, ich weiß, was Sie tun können. Es gibt da dieses Paar im Ultental, das nimmt immer wieder Pflegekinder bei sich auf. Sie sind sehr zuverlässig, kümmern sich gut ... Ich schaue mal, ob die noch einen Platz frei haben. Wie kann ich Sie erreichen?"

Zwei

Oktober 1973 – St. Pankraz

Maria Schwienbacher warf einen Blick auf ihre Armbanduhr. Es war fast zwanzig Uhr. Im Haus, in dem es den ganzen Tag über vor Kindern wimmelte und in dem trotz des strengen Regiments, das sie führte, immer laute Stimmen, Gelächter und Geplärre zu hören waren, war es endlich ruhig. Luis saß in der Stube auf dem Sofa und unterhielt sich leise mit dem kleinen Baby, das in eine Decke eingewickelt auf dem Boden lag. Maria nahm sich einen Augenblick Zeit, dieses friedliche Bild zu beobachten, und lächelte. Anschließend ging sie zum Ende des Flurs und öffnete leise die Tür auf der linken Seite. Es war nichts zu hören außer dem Schmatzen und Schnarchen schlafender Kinder. Ihre fünfjährige Tochter Andrea teilte sich dieses Zimmer mit der gleichaltrigen Edith und deren Geschwistern, dem dreijährigen Hannes und der kleinen ein Jahr alten Ursula, die sich im Gitterbett hin und her wälzte. Maria konnte Hannes leise wimmern hören. Sie runzelte die Stirn und fragte sich, ob er in dieser Nacht wieder einnässen würde. Es war nicht leicht mit diesen Kindern. Sie lebten seit dem Frühsommer bei ihnen. Hannes war ein nervöses Kind, Edith ebenso weinerlich wie Andrea. Aber Maria empfand auch Mitleid mit ihnen. Seit sie hier waren, hatte ihre Mutter sie nur dreimal besucht. Auch mit der Bezahlung haperte es. Zwar bekamen Luis und Maria eine finanzielle Unterstützung vom Land, aber das Geld reichte kaum für all diese Mäuler, die es zu stopfen galt.

Maria schloss die Tür und ging zurück in die Küche. Das Feuer im Holzherd zu ihrer Linken war beinahe erloschen. Sie konnte bereits die kalte Herbstnacht in ihren Knochen spüren. Auf dem Gasherd rechts hinter der Tür blubberte das Wasser in dem Topf, den sie vorher dort hinaufgestellt hatte. Während sie darauf wartete, dass das Wasser etwas abkühlte, wischte sie noch einmal den Tisch ab und verräumte das letzte Geschirr.

Maria konnte vom oberen Stockwerk hören, wie Werner und ihr Sohn Stefan im Zimmer lachten, und Majas leise, ermahnende Stimme. Die zehnjährige Maja, die wie ihr zwölfjähriger Bruder Werner seit ihrer Geburt bei Maria und Luis lebte, war ihr inzwischen eine große Hilfe im Haushalt und mit den kleinen Kindern. Dann wurde eine Tür geöffnet und ihr sechzehnjähriger Sohn Alfons brummte einen Befehl. Sofort wurde es ruhig. Maria lächelte vor sich hin.

Bevor sie ins Bett ging, würde sie noch ein belegtes Brot vorbereiten und für Alfons auf dem Küchentisch liegen lassen. Er absolvierte eine Lehre bei einem Bäcker in St. Walburg und musste immer so früh aufstehen. Dass er in tiefster Dunkelheit mit seiner Vespa unterwegs war, bereitete Maria große Sorgen.

Das Wasser war inzwischen abgekühlt, und Maria bereitete das Fläschchen für die kleine Michaela vor. Eigentlich hatte sie keine neuen Kinder mehr aufnehmen wollen, aber Frau Trafoier konnte sehr überzeugend sein.

Ihre leibliche Mutter hatte Michaela vor Kurzem zu Maria gebracht, da war sie gerade drei Wochen alt. Die junge Frau hatte dunkle Ringe unter den Augen gehabt und gesagt, der Säugling würde Tag und Nacht schreien. Maria konnte das nicht glauben. Seit Michaela bei ihr war, war von dem kleinen Ding kaum ein Mucks zu hören. Die Nächte schlief sie durch, und wenn sie aufwachte, lag sie zufrieden glucksend in ihrem Bettchen, bis ihr jemand Beachtung schenkte. Egal wer sie gerade auf dem Arm hatte, fütterte oder ankleidete, Michaela schien sich über jede kleine Aufmerksamkeit zu freuen. Die Kleine erinnerte Maria an ihre älteste Tochter Gerda, die nicht mehr daheim wohnte. Auch Gerda war ein so unkompliziertes Kind gewesen.

Damals lebten sie noch auf dem Bergbauernhof. Auch Alfons und Stefan kamen dort auf die Welt. Es gab kein fließendes Wasser, das Plumpsklo stand ein paar Meter vom Haus entfernt. Im Winter war es bitterkalt. In einem Winter, Gerda war fünf und Alfons zwei Jahre alt, litten beide tagelang unter hohem Fieber. Maria hatte sich so hilflos gefühlt. Sie konnte nichts tun außer beten. „Wenn wir nur wenigstens eines von ihnen behalten dürfen, Herr“, hatte sie irgendwann völlig verzweifelt gefleht. Aber der Herr hatte Gnade walten lassen. Beide Kinder überlebten.

Später, als sie in einem neuen Gebäude im Dorf wohnten, war da Werner, ihr erstes und liebstes Pflegekind, der in den ersten drei Monaten unter furchtbaren Blähungen gelitten und kaum etwas bei sich behalten hatte. Vor drei Jahren hatten alle Kinder gleichzeitig die Masern bekommen.

Maria schüttelte den Kopf und die Erinnerungen ab. Sie murmelte ein kurzes Dankgebet, denn in letzter Zeit waren sie von Krankheiten zum Glück verschont geblieben.

Luis lag inzwischen auf dem Sofa und sah sich die Nachrichten im Fernseher an. Die kleine Michaela lächelte, als Maria sie auf den Arm nahm. Bevor sie dem Mädchen die Flasche gab, wechselte sie ihr noch die Windel. Sie streichelte der Kleinen über das flauschige Haar und drückte ihr einen Kuss auf die Stirn. So anstrengend die Arbeit auch war, Maria hatte noch keinen Tag daran gezweifelt, das Richtige zu tun. Schon ihre Mutter und ihre Großmutter hatten Kinder ärmerer Leute bei sich aufgenommen. Es gab so viele Familien, in denen es zu viele Kinder und zu wenig zum Essen gab – besonders in den Kriegszeiten. Auch sie und ihre Geschwister hatten es schwer gehabt, wenn sie bei jedem Wind und Wetter, bei kniehohem Schnee ins Dorf hinuntermussten, um in die Messe oder zur Schule zu gehen. Diese Zeiten waren zum Glück vorbei. Ihren Kindern und den Pflegekindern, die sie liebte wie die eigenen, blieben diese Entbehrungen Gott sei Dank erspart.

Maria brachte Michaela ins Bett. Dann setzte sie sich noch in die Stube. Marianne, Werners und Majas leibliche Mutter, war Schneiderin von Beruf und übernahm oft die Näh- und Strickarbeiten. Trotzdem gab es immer Socken zu stopfen und Hosen zu flicken. Aber schon bald brannten Marias Augen vor Müdigkeit. Luis schnarchte bereits leise auf dem Sofa.

Das Schlafzimmer befand sich gegenüber vom Kinderzimmer. Maria entkleidete sich im Dunkeln, um das Baby, das im Gitterbett neben ihrem Bett schlief, nicht zu wecken. Sie legte sich ins Bett und deckte sich zu. Michaelas leise Atemgeräusche waren das letzte, was sie hörte, bevor sie in einen traumlosen Schlaf glitt.

Drei

August 1975 – Lana

Die Wohnung war nicht besonders groß. Angelika störte das nicht. Seit sie denken konnte, hatte sie mit zu vielen Menschen auf zu engem Raum gelebt. Nun, auch wenn das Haus ihrer Eltern – das Haus, in dem Angelika aufgewachsen war – riesig wie ein Schloss gewesen wäre, hätte es immer noch nicht genug Platz gegeben für all die offenen und unterschwelligen Konflikte, die dort beständig brodelten. Da war es ihr hier schon viel lieber.

Sorgfältig kontrollierte Angelika noch einmal Raum für Raum. Das Wohnzimmer mit der Kochnische, die beiden Schlafzimmer, das kleine Badezimmer, selbst die Abstellkammer überprüfte sie. Alles war schön ordentlich und sauber, so wie sie es mochte. Wie Franz es mochte.

Die Geräusche aus dem Magazin waren bis hier ins oberste Stockwerk zu hören. Das Quietschen und Rattern der Maschinen, das Stimmengewirr der Arbeiter, aber auch der Verkehrslärm von der Hauptstraße direkt neben dem Lager drangen bis in die Wohnung hinauf.

„Daran gewöhnt man sich schnell." Die Frau, die mit ihrer Familie in der Wohnung unten wohnte, hatte Angelika bei ihrem Einzug vor ein paar Wochen auf der Treppe aufgehalten und versucht, sie in ein Gespräch zu verwickeln. Mit unverhohlener Neugierde hatte sie Angelikas Bauch gemustert.

„Hinter dem Haus gibt es diese große Wiese, auf der die Nachbarskinder immer spielen. Ihr werdet euch schnell einleben. Habt ihr noch mehr Kinder?"

Angelika, verschwitzt, mit pochenden Schläfen und schmerzenden Beinen, hatte sich nichts sehnlicher gewünscht, als die Frau endlich loszuwerden. Wie furchtbar all diese Leute mit ihrem nervtötendem Geschwätz doch waren. Sie beantwortete die Fragen so schnell und einsilbig wie möglich und flüchtete in die Wohnung, sobald sich eine günstige Gelegenheit ergab. Seit Sonja vor einem Monat auf die Welt gekommen war, verließ sie die Wohnung kaum noch und konnte so unliebsame Begegnungen dieser Art vermeiden.

Auch Franz betonte immer wieder, dass es ihm nur wichtig war, seine Arbeit ordentlich zu verrichten. Er hatte kein Interesse daran, sich mit seinen Kollegen oder Nachbarn zu unterhalten. Es ging niemanden etwas an, wie sie ihr Leben führten. Oder was vorher passiert war. Angelika hatte schon in ihrer Kindheit gelernt, dass das, was in den eigenen vier Wänden geschah, nicht nach außen zu dringen hatte.

Sie war sich bewusst, dass diese Zurückgezogenheit anderen Leuten nicht geheuer war. Sosehr sie sich bemühte, es zu ignorieren, sie hatte das Getuschel und die Seitenblicke mitbekommen.

Hauptsache ein Dach über dem Kopf, dachte Angelika. Alles, was zählt, ist, dass Franz eine anständige Arbeit hat und dass wir endlich zusammenleben können. Wie eine richtige Familie.

Die junge Frau stand in der Küche und blickte zum Fenster hinaus. Es war eine Erleichterung gewesen, als ihr Mann im Magazin angestellt wurde und man ihnen die Dienstwohnung anbot. Endlich raus aus dem ranzig stinkenden, viel zu kleinen Zimmer.

Endlich würde sie Michaela zu sich holen können.

Angelikas Finger konnten nicht stillhalten: Wie nervöse Vögelchen flatterten sie zu den Blumentöpfen auf dem Fensterbrett, zupften welke Blätter ab; zogen an der Nagelhaut am linken Daumen, bis diese einriss und es blutete und schmerzte; spielten mit dem schmalen Ring an Angelikas rechter Hand. Sie zupfte am Vorhang und schaute nach unten in den Hof. Ein paar Frauen verließen das Gebäude, setzten sich auf eine der Bänke und rauchten. Blickten nach oben.

Angelika wich vom Fenster zurück. Versteckte sich hinter dem Vorhang, der die fremden eindringenden Blicke abwehren sollte. Die Stimme der Mutter im Hinterkopf: „Was stehst du da rum und gaffst, hast du nichts zu tun?“ Aber nein. Das schäbige Heimathaus hatte sie schon lange verlassen. Sie war jetzt eine verheiratete Frau.

Stolz blickte Angelika auf den Ring. Eine ehrbare Frau – keine dieser ledigen Mütter mehr. Franz war jetzt Pauls Vater. Er liebte ihn, wie er seine eigenen Kinder liebte.

Beim Gedanken an den Säugling, der friedlich im Körbchen im Elternschlafzimmer schlief, glitten Angelikas Hände auf ihren Bauch. Noch war sie etwas füllig von der Schwangerschaft. Franz mochte das nicht. Angelika steckte den Daumennagel in den Mund und kaute daran, bevor sie sich besann. Franz mochte auch das nicht.

Angelika machte noch eine Runde durch die Wohnung. Franz mochte vieles an ihr. Besonders nachts. Angelika lächelte vor sich hin. Drehte sich wirklich alles um Franz? Oder waren es doch ihre eigenen Wünsche und Forderungen, die sie vergessen hatte, weil sie verwoben waren mit den seinen?

An der Wand im Flur hing ein Bild: Angelika und Franz an ihrem Hochzeitstag. Erst im letzten Winter hatten sie sich auf dem Standesamt in dem Tal, in dem sie auf die Welt gekommen und aufgewachsen war, das Jawort gegeben. Als Kind hatte sie oft von ihrer Hochzeit geträumt. Sie hatte sich als strahlende Braut in Weiß vorgestellt, umgeben von Hunderten von Gästen, die sie bewundernd betrachteten. In Wirklichkeit hatten gerade einmal eine Handvoll Gäste mit ihnen gefeiert. Trotzdem war sie an diesem Tag unbeschreiblich glücklich gewesen. Auf dem Foto konnte man das gut erkennen. Franz, umwerfend gut aussehend in seinem Anzug, lachte breit. Angelika, die ein selbst genähtes cremefarbenes Kleid trug, strahlte Franz an. Paul grinste und zeigte stolz eine Zahnlücke. Nur Michaela auf Franz' Arm guckte ganz ernst, mit ihren großen, fragenden braunen Augen.

Mit diesem Blick sah Michaela sie jedes Mal an, wenn sie sie besuchten oder für ein paar Tage nach Hause holten. Er machte Angelika immer ganz nervös. „Lach doch mal, sei doch glücklich", wollte sie dem Mädchen dann zurufen und es schütteln.

Angelika betrat das Kinderzimmer, das Michaela sich von jetzt an mit Paul teilen würde. Auf dem Bett lag ein Paket. Angelika hatte lange gesucht, bis sie diesen rosaroten Plüschhasen gefunden hatte. Eigentlich war er viel zu teuer. Aber Michaela war erst vor ein paar Tagen zwei Jahre alt geworden. Sie würde sich freuen. Dieses Mal würde sie sich darüber freuen, nach Hause zu kommen.

Paul erschien mit verschwitztem Haar in der Tür. „Können wir nicht nach draußen gehen, Mama? Es ist so heiß."

Angelika dachte an die Frauen unten im Hof und kaute wieder auf dem Daumennagel herum. Sie würden zu ihnen herübersehen, tuscheln. Vielleicht sogar versuchen, sich mit ihnen zu unterhalten. Nein, nicht heute. Nicht jetzt. Morgen, ja, morgen vielleicht. Morgen würde sie mit Paul und den beiden Mädchen hinüber ins Dorf gehen, um Paul die Schule zu zeigen, die er bald besuchen durfte.

Sie strich ihrem Sohn über die Wange. „Das geht jetzt nicht, Schätzchen. Bald kommt doch Gerd, der Cousin von deinem Papa, der bringt uns nach Ulten und wir holen Michaela ab."

Pauls Augen leuchteten auf. „Bleibt Michaela dann bei uns? Geht sie nicht mehr fort?"

„Ja, mein Schatz", lächelte Angelika. Pauls offensichtliche kindliche Freude steckte sie an.

„Toll, da wird sie aber froh sein", rief er und umarmte seine Mutter.

Angelika drückte ihn an sich. Ja, dachte Angelika, das wird sie. Sie wird lernen, dass jetzt hier ihr Zuhause ist. Sie wird nicht mehr ins Bett machen. Ich werde sie nicht mehr anschreien, Franz auch nicht.

Sie wird Mama zu mir sagen. Endlich wird sie Mama sagen.

Vier

18. Mai 1976 – Meran

Die Krankenschwester stand vor dem Eingang der Ersten Hilfe und rauchte. Die Hand, in der sie die Zigarette hielt, zitterte. Agnes bemerkte dies mit einem seltsam distanzierten Gefühl, als wäre ihre Hand gar kein Teil ihrer selbst. Das musste die Erschöpfung sein, dachte sie. Die beiden Carabinieri, mit denen sie sich vorher unterhalten hatte, fuhren gerade an ihr vorbei. Sie winkten ihr zu. Agnes erwiderte deren Gruß und dachte bei sich, dass ihre ernsten Mienen so gar nicht zu den jungen, gut aussehenden Gesichtern passen wollten.

Es hatte aufgehört zu regnen. Die Wolken verzogen sich und machten der untergehenden Sonne Platz. Der Himmel leuchtete rosarot. Auf den Bäumen saßen die Vögel, putzten ihre nassen Federn und zwitscherten. Obwohl es ein angenehm milder Frühlingsabend war, zog Agnes fröstelnd die Schultern hoch. Gierig zog sie an der Zigarette.

Ihre Schicht hatte ziemlich ruhig begonnen. Meran war keine Großstadt. Aber Arbeits- und Verkehrsunfälle passierten auch hier immer wieder. Außerdem hatten sie es oft genug mit Frauen zu tun, die sich die erstaunlichsten Verletzungen im Haushalt zuzogen. Manchmal fragte Agnes sich, ob diese Frauen, die mit blutenden Nasen, gebrochenen Handgelenken und blauen Flecken am ganzen Körper von ihren „besorgten" Männern in die Erste Hilfe gebracht wurden, wirklich dachten, die Krankenschwestern und Ärzte würden ihnen auch nur eine Sekunde lang glauben. Dann die Kinder: Waren sie wirklich mit dem Fahrrad gestürzt? Und wenn ja, woher stammten dann die Narben all der älteren Verletzungen? Aber man konnte sowieso nichts dagegen unternehmen. Das war eine der bittersten Erfahrungen, die Agnes im Laufe der Jahre gemacht hatte. Man konnte nur die äußeren Wunden heilen und die Frauen und Kinder dann wieder nach Hause schicken, in der Hoffnung, sie so bald nicht wiederzusehen.

Am frühen Nachmittag war Agnes kurz nach draußen gegangen. Sie hatte sich gerade eine Zigarette anzünden wollen, als ein dunkelgrauer Autobianchi vor dem Eingang hielt. Der Mann auf dem Fahrersitz blieb im Auto, während ein anderer auf der Beifahrerseite ausstieg, den Sitz nach vorne klappte und etwas, was wie ein Deckenbündel aussah, vom Rücksitz holte. Er schloss die Autotür und eilte auf den Eingang des Krankenhauses zu, ohne noch einmal zurückzuschauen. Der Fahrer sah dem Mann sekundenlang nach, bevor er das Auto wendete und langsam davonfuhr.

Agnes wollte sich schon abwenden. Sollte sich doch ihre Kollegin Cristina darum kümmern. Etwas an der Miene des Mannes ließ sie innehalten: Sein Gesichtsausdruck – und ein kleiner Arm, der aus dem Deckenbündel hervorragte. Ihr stellten sich die Nackenhaare auf. Schnell trat sie auf den Mann zu. Die Sorge verlieh seinem Gesicht einen verkniffenen Ausdruck, aber die Krankenschwester erkannte, dass er jung war. Das braune Haar war sorgfältig gescheitelt. Kräftige Schultern und Hände zeugten von jemandem, der an harte Arbeit gewöhnt war.

Der Mann sah Agnes kurz in die Augen. Sein Blick war eine qualvolle Mischung aus Angst, Schuldgefühlen und Trotz. „Sie bewegt sich nicht mehr", murmelte er und hielt Agnes das Bündel hin.

Sie nahm ihm das Mädchen ab. Agnes schob die Decke zur Seite, um das Kind besser begutachten zu können. Der Anblick war erschütternd und erfüllte sie mit einem heftigen Aufwallen von Abscheu und Verzweiflung. Kurz schloss sie die Augen und zwang sich, tief ein- und auszuatmen. Die zwanzig Jahre Berufserfahrung machten sich in Augenblicken wie diesen bezahlt. Sie musste jetzt funktionieren wie eine Maschine.

Das Mädchen hatte kaum mehr Haare auf dem Kopf, als wären sie ihm büschelweise ausgerissen worden. Die linke Gesichtsseite war so angeschwollen und blau, dass das Kind wie entstellt wirkte, und der Arm, den Agnes schon vorher bemerkt hatte, stand in einem seltsamen Winkel vom Körper ab. Die Schwester lief ins Innere des Krankenhauses. Der Mann folgte ihr etwas zögerlicher.

„Cristina, hol Dr. Pezzuto. Schnell!“, bellte sie ihrer Kollegin am Empfang zu, während sie an ihr vorbei in das Behandlungszimmer lief. Der Mann blieb hinter ihr im Türrahmen stehen. Agnes ließ die Decke achtlos auf den Boden fallen, legte das Kind auf die Behandlungsliege und holte eine Schere, um ihr die Kleider vom Leib zu schneiden. Dr. Pezzuto und Cristina betraten den Raum im Eilschritt, wobei sie den Mann unsanft zur Seite schoben.

„Chi è Lei? – Wer sind Sie?“, fuhr Dr. Pezzuto ihn an. Der Mann antwortete nicht. Wahrscheinlich hatte er die Frage nicht einmal gehört. Mit gesenkten Schultern und resignierter Miene starrte er vor sich hin.

„Penso che sia suo padre – Ich glaube, er ist ihr Vater. Sie sind doch der Vater, oder?“, rief Agnes ihm zu. Der Mann nickte kaum wahrnehmbar.

Der Arzt musterte das Kind, das jetzt nackt vor ihm lag. Er presste die Lippen zusammen, bis sie nichts als ein weißer Strich waren. Cristina, die hinter ihm stehen geblieben war, wurde blass um die Nase.

„Non adesso, dottore – Nicht jetzt, Herr Doktor“, zischte Agnes, die den nackten Zorn in Dr. Pezzutos Augen nur zu gut nachvollziehen konnte.

„Was ist passiert?“, fragte sie den Mann laut.

„Sie ist die Treppe hinuntergefallen.“

Cristina schnaubte. Die beiden Krankenschwestern sahen sich in die Augen. Schließlich seufzte Agnes resigniert. „Cristina, du bleibst hier.“ Als sie an Dr. Pezzuto vorbeiging, murmelte er ihr ein paar Anweisungen zu. Agnes nickte nur. Sie wusste, was zu tun war.

Sie bedeutete dem Mann, ihr zu folgen, und wies ihn an, im Schwesternzimmer zu warten. Dann verließ sie den Raum, kümmerte sich darum, dass der Operationssaal vorbereitet und der Kinderarzt gerufen wurde. Danach führte sie noch ein weiteres Telefonat.

Schließlich betrat sie wieder das Schwesternzimmer. Der Mann saß nach vorne gebeugt da, die Ellenbogen auf den Knien aufgestützt, das Gesicht in den Händen vergraben. Er sah auf, als Agnes sich ihm gegenüber hinsetzte. „Wie geht es ihr?“

Agnes starrte ihn sekundenlang nur an. „Was glauben Sie denn, wie es ihr geht?“, presste sie zwischen zusammengebissenen Zähnen hervor.

Der Mann wandte den Blick ab und starrte auf seine Füße.

„Ich brauche ein paar Informationen über Sie und Ihre Tochter“, fuhr sie etwas freundlicher fort.

Wie ein Automat beantwortete er ihre Fragen, nannte Namen – das Mädchen hieß Michaela Kerschbaumer –, Geburtsdatum, Wohnort.

„Wo ist Ihre Frau jetzt?“

„Zu Hause bei Paul und Sonja. Die Kleine ... sie ist erkältet“, nuschelte er.

Agnes nickte. Für gewöhnlich waren es die Mütter, die ihre Kinder ins Krankenhaus brachten. „Was ist denn genau passiert? Sie ist doch nicht wirklich von der Treppe gestürzt?“

Franz Kerschbaumer antwortete nicht.

Agnes hätte ihn am liebsten geschüttelt. „Sie müssen mir schon sagen, was geschehen ist, Herr Kerschbaumer. Wie sollen wir Ihrer Tochter denn sonst helfen?“ Als er immer noch nicht antwortete, legte Agnes das Formular zur Seite und erhob sich abrupt. „Ich weiß nicht, ob Ihnen das klar ist. Aber Michaela könnte auch sterben.“

Der Mann presste die Lippen aufeinander. Agnes machte Anstalten, den Raum zu verlassen, da begann er zu reden. Die Worte kamen sehr leise und schnell aus seinem Mund: „Es ist so anstrengend für mich und meine Frau, die viele Arbeit, die Kinder. Und Michaela ... sie macht es uns nicht leicht, sie ist sehr stur und frech. Sie macht immer noch in die Hose. Nachts will sie nicht schlafen. Und sie will nicht Mama sagen ... das Kind will einfach nicht Mama sagen ...“

Jemand klopfte an die Tür und öffnete sie schwungvoll, ohne auf eine Antwort zu warten. Zwei Carabinieri betraten den Raum. Agnes unterhielt sich leise mit den beiden. Dann drückte sie dem Älteren der beiden das Formular in die Hand und lief los, um nach Michaela zu sehen. Sie wollte gar nicht wissen, was genau passiert war, stellte sie fest. Sie wollte am liebsten gar nichts wissen.

Bevor das Mädchen in den Operationssaal gebracht wurde, kam der Maresciallo[3], um einen Blick auf das Kind zu werfen. Dr. Pezzuto zog das Laken etwas zurück, damit man die Kleine besser sehen konnte. Sekundenlang musterten sie das Kind schweigend. Dann legte der Maresciallo dem Mädchen sanft seine große Hand auf die Stirn und nickte dem Arzt zu.

„Hast du eine für mich?"

Agnes zuckte zusammen. Sie war so in Gedanken versunken, dass sie die Anwesenheit ihrer Kollegin erst gar nicht bemerkt hatte. „Ich dachte, du rauchst nicht mehr?"

Cristina zuckte mit den Schultern. „Heute ist ein guter Tag, um wieder damit anzufangen."

Schweigend reichte Agnes ihr das Päckchen und das Feuerzeug.

Cristina nahm einen tiefen Zug. Dann redete sie. „Sie ist unterernährt, schrecklich schwach. Keine Ahnung, ob sie die Operation überhaupt überlebt. Als Dr. Pezzuto die Verletzungen aufgezählt hat, wurde mir beinahe schlecht. Schädel-Hirn-Trauma, Schultergelenksluxation[4], zwei gebrochene Rippen, unzählige Prellungen, Brandflecken an Armen und Beinen. Am schlimmsten ist das Abdominaltrauma[5]. Sie muss an der Leber operiert werden, wahrscheinlich muss ihr die Milz entfernt werden. Dass man so einem kleinen Ding so etwas antun kann ..."

Agnes sah, dass der jungen Krankenschwester, die erst seit ein paar Monaten hier arbeitete, die Tränen in die Augen traten.

3 Dienstgrad der Staatspolizei
4 Ausrenkung des Schultergelenks
5 innere Verletzung des Bauchraumes

„Ich hoffe bloß, dass sie diesen Scheißkerl einsperren." Mit einer beinahe ärgerlichen Geste wischte sich Cristina die Tränen von den Wangen.

Agnes schwieg. Die Erfahrung sagte ihr, dass Michaelas Vater mit einer Verwarnung, vielleicht einer Geldstrafe davonkommen würde. Aber das konnte und wollte sie ihrer jungen Kollegin nicht sagen.

„Was passiert jetzt mit der Kleinen? Wie kommt man denn mit so etwas zurecht?", hakte Cristina nach, als sie sich etwas beruhigt hatte.

Agnes war sich nicht sicher, ob Cristina das kleine Mädchen oder sich selbst meinte. Sie legte ihrer Kollegin die Hand auf den Arm. „Das ist nicht unsere Aufgabe, Cristina. Eine Sozialassistentin wird morgen vorbeikommen, die wird sich schon um Michaela kümmern", versprach sie zuversichtlicher, als sie sich fühlte. „Du wirst sehen, mit der Zeit wird es leichter. Man lernt, mit solchen Erlebnissen klarzukommen. Man lernt, zu vergessen."

Cristina nickte zögernd.

Und Agnes wünschte sich, selbst an ihre Worte glauben zu können. Manche Kinder werden geboren, um zu früh zu sterben, dachte sie.

Fünf

Mai 1976 – Meran

Petra war überrascht, als sie die fremde Frau in der Intensivstation am Bett des kleinen Mädchens stehen sah. Die Krankenschwester verharrte im Türrahmen und musterte die große kräftige Frau, die um die fünfzig Jahre alt sein musste. Ihr dunkelbraunes, von grauen Strähnen durchzogenes Haar war zu einem strengen Dutt hochgesteckt. Sie trug eine dunkle Jacke, einen lilafarbenen Strickpullover, einen langen, schlichten Faltenrock und flache schwarze Schuhe. Feine Fältchen durchzogen ihr Gesicht. Sie hatte die Lippen fest aufeinandergepresst. Ihre Augen waren geschwollen und gerötet. In ihrer großen, kräftigen Hand hielt sie Michaelas kleines Händchen, wobei sie unbequem über das Gitterbett gebeugt stand, wie um dem Mädchen so nahe wie möglich zu sein.

Petra trat ins Zimmer und räusperte sich. Die Frau holte ein Taschentuch aus der Jackentasche und wischte sich die Augen ab.

„Guten Tag. Wie schön, dass jemand Michaela besucht. Sie ist jetzt schon den vierten Tag hier und bis auf die Sozialassistentin war noch niemand bei ihr." Petra konnte und wollte den Vorwurf nicht aus ihrer Stimme nehmen. Die Kleine hatte Grauenhaftes durchgemacht, es war ein Wunder, dass sie überhaupt überlebt hatte – und niemand schien sich um sie kümmern zu wollen.

Sie trat an das Bettchen und legte dem Mädchen die Hand auf die Stirn. „Sind Sie ihre Großmutter?"

Die Frau schüttelte den Kopf. Die Worte sprudelten rau und gequält aus ihr heraus. „Ich bin ihre Pflegemutter. Ihre Eltern, diese Scheusale, haben sie ein paar Wochen nach der Geburt bei uns abgegeben und sich nicht mehr groß um sie gekümmert, bis sie zwei Jahre alt war. Dann haben sie das Kind wieder abgeholt. Wenn ich geahnt hätte ... Wissen Sie, viele bringen ihre Kinder zu uns und nehmen sie irgendwann wieder zu sich. Manche nach ein paar Monaten, manche nach ein paar Jahren, manche gar nicht mehr. Ich habe schon viel erlebt, aber das hier … Niemals hätte ich sie wieder hergegeben, wenn ich gewusst hätte, was für Monster diese Leute sind."

Die Erschütterung und der Schmerz waren der Frau ins Gesicht geschrieben. Petra schämte sich augenblicklich für das, was sie vorhin gesagt hatte. Hier auf der Intensivstation musste sich die Krankenschwester jeden Tag mit der Verzweiflung und Trauer der Angehörigen auseinandersetzen. Sie empfand tiefes Mitgefühl für diese gequälte Person und wählte ihre nächsten Worte mit Bedacht.

„Ich war hier, als sie zu uns auf die Station gebracht wurde. Sie war mehr tot als lebendig. Aber sie ist stärker, als sie aussieht. Sie hat nicht aufgegeben. Du bist eine kleine Kämpferin, nicht wahr, Michaela?" Wieder streichelte sie dem schlafenden Kind die Stirn.

„Hat sie Schmerzen?", erkundigte sich die Frau besorgt.

„Nein, sie bekommt starke Schmerzmittel, und sie schläft die meiste Zeit. Haben Sie ihr den gebracht?" Petra deutete auf einen Teddybären, der schon bessere Zeiten erlebt hatte. Sein Fell war ganz stumpf vom vielen Kuscheln, ein Ohr fehlte.

Die Frau lächelte zum ersten Mal ein wenig. „Ja, das war bei uns ihr liebstes Spielzeug." Dann wurde ihre Miene wieder ernst. „Ich habe erst gestern erfahren, dass sie hier ist, sonst wäre ich sofort gekommen. Ich werde sie wieder zu uns holen, sobald es ihr besser geht. Dieses Mal lasse ich sie bestimmt nicht wieder gehen."

Wieder füllten sich die Augen der Frau mit Tränen. Petra legte ihr die Hand auf den Arm und wartete, bis sich die Frau wieder gefasst hatte.

„Sie könnten uns einen Gefallen tun", sagte Petra. „Michaela braucht Kleidung. Etwas Unterwäsche, ein Nachthemd. Wir konnten ihre Mutter bisher nicht erreichen …"

Die Frau straffte die Schultern. „Darum werde ich mich schon kümmern."

Michaela bewegte sich, verzog die Lippen und gab ein Geräusch von sich, das wie das Maunzen eines Kätzchens klang. Sie öffnete die Augen und sah blinzelnd zu den Frauen hoch. Ihre Mundwinkel zuckten.

Die Frau ergriff schnell wieder ihre Hand. „Hallo Michi, meine Kleine. Keine Angst, hörst du? Du musst keine Angst mehr haben. Ich bin hier. Mamme ist hier bei dir."

Vielleicht erkannte Michaela die Stimme ihrer Pflegemutter, denn ihre Miene entspannte sich. Sie lächelte, die Augen fielen ihr wieder zu. Ihre Lippen bewegten sich lautlos. Aber die Krankenschwester verstand sie trotzdem.

„Mama da".

Sechs

Ende Mai 1976 – Lana

Der Fall Kerschbaumer war tagelang Gesprächsthema Nummer eins. Niemand im Ort kannte die Familie näher. Die Frau hatte man kaum zu Gesicht bekommen, und über den Mann wussten auch nur seine Arbeitskollegen Bescheid.

Und doch schien mit einem Mal jeder alles zu wissen. Die Männer am Stammtisch, die Frauen, die sich im Dorfladen trafen, sie alle schüttelten bestürzt den Kopf. Eine Ohrfeige hie und da, eine Tracht Prügel ab und zu, das hatte wahrlich noch keinem Kind geschadet. Manch einer schüttelte lächelnd den Kopf und schwelgte in Erinnerungen an die eigene Kindheit. Jaja, man hatte ja auch nur Flausen im Kopf gehabt, und es war gut gewesen, dass die Eltern einem die Grenzen aufgezeigt hatten. Aber so etwas, ein Kind so zu martern, das war wirklich zu viel des Guten.

Außerdem waren die Dorfbewohner empört. Dass gerade ihr beschauliches kleines Dorf mit solch widerwärtigen Nachrichten in Verbindung gebracht wurde, war schon allerhand. Nun, immerhin handelte es sich bei diesen Leuten nicht um Hiesige. Es waren ja Auswärtige. Wenigstens damit konnte man sich trösten.

Später machten Gerüchte die Runde. Der eine oder andere erzählte, er habe den Mann sturzbesoffen durchs Dorf torkeln sehen. Ja, ein Säufer war er, musste er sein, wie wäre er sonst dazu fähig gewesen, sein eigenes Fleisch und Blut fast zu Tode zu prügeln. Die Frau, auch die war eine seltsame Gestalt. Eingebildet war sie, erzählten sich die Frauen. Ja, kaum gegrüßt hatte sie, wie sie da kerzengerade, mit hochgezogenen Schultern und erhobenem Haupte umhergegangen war, das Baby auf dem Arm. In der Messe hatte man sie niemals gesehen, diese Familie. Gottesfürchtige Leute waren die bestimmt nicht, kein Wunder, dass es bei denen so zugegangen war.

Von Michaelas Existenz hatte niemand auch nur etwas geahnt. Jetzt, wo man wusste, dass sie vorher in einer Pflegefamilie gewesen war, konnte man nur noch den Kopf schütteln.

Dass die das Mädchen wieder hergegeben hatten, was das wohl für Menschen waren … Bestimmt nur auf das Geld aus, munkelten die Dorfbewohner.

Die Lehrerinnen in der Grundschule schüttelten auf Nachfrage nur den Kopf. Der Paul ist ein braver Bub, still, zurückgezogen. Niemand hätte etwas ahnen können von dem, was sich in der Familie abspielte. Eine von ihnen erinnerte sich, wie überrascht sie gewesen war, als sie erfuhr, dass Paul noch eine weitere Schwester hatte. Einmal hatte sie ihn gefragt, ob er denn gerne mit seiner Schwester spielte.

„Mit Sonja manchmal, die kann jetzt krabbeln. Aber Michaela muss immer im Zimmer bleiben, weil sie nicht brav ist“, war seine Antwort.

Die Lehrerin war verwirrt, aber bevor sie nachfragen konnte, wer denn Michaela sei, wurde sie von den anderen Schülern abgelenkt. Sie vergaß den Vorfall, bis sie den kurzen Bericht in der Tageszeitung las.

Da man sonst niemandem Vorwürfe machen konnte, richtete sich der Argwohn gegen die Angestellten des Betriebs, in dem dieser Kerschbaumer gearbeitet und gewohnt hatte. Die mussten dort doch etwas bemerkt haben, sagte man sich. Die Beschuldigten wiesen die Vorwürfe empört von sich. Franz sei ein fleißiger Arbeiter gewesen, sagte der Chef. Zurückhaltend, denn gesprochen habe er mit kaum jemandem, sagten die Kollegen. Ein komischer Kauz war er schon, da war man sich einig. Dass seine Frau und seine Kinder in der Wohnung lebten, hatte man kaum wahrgenommen. Die Nachbarin hatte wohl das Schreien gehört. Aber bei drei Kindern war es nun einmal oft laut, das wusste sie selbst aus Erfahrung, also hatte sie sich nichts weiter dabei gedacht.

Langsam machte sich Erleichterung unter den Dorfbewohnern breit. Man hätte ja sowieso nichts tun können. Und wenn man etwas hätte unternehmen können, dann … ja, was dann? Wenn doch selbst die Pflegeeltern, die etwas geahnt hatten, gar nicht auf die Idee gekommen waren … Ja, was war denn eigentlich zu tun? Die Carabinieri rufen? Eine Staatsgewalt, deren

Sprache man mehr schlecht als recht beherrschte? Eine Instanz, der man nicht trauen konnte, die fremd und furchteinflößend war? Bei einem der Landesämter anrufen, einer Institution, die noch immer nicht so funktionierte, wie sie sollte? Und wen sollte man da anrufen, etwa die Politiker, die mit anderem beschäftigt waren? Ja, was hätte man denn tun sollen?

Davon abgesehen musste man sich um seine eigenen Probleme kümmern, derer gab es genug. Außerdem mischte man sich einfach nicht in familiäre Angelegenheiten ein. Das war doch beim alten Bäcker auch nicht anders gewesen. Jeder hatte gewusst, was bei dem zu Hause passierte. Er hatte es doch bei mehr als einer Gelegenheit erzählt, wenn er abends volltrunken aus der Kneipe getorkelt war, was er gleich mit seinen Töchtern anstellen würde. Die Nachbarn hatten das Schreien und das Flehen der Mädchen gehört. Auch der Pfarrer hatte Bescheid gewusst. Aber niemandem wäre auch nur im Traum eingefallen hier einzuschreiten. Das ging doch niemanden etwas an.

Langsam ebbte das Interesse an dem Fall ab. Franz Kerschbaumer war verhaftet worden, und seine Frau ließ sich im Dorf nicht mehr blicken. Irgendein Verwandter holte ihre Habseligkeiten ab. Die Wohnung wurde an einen anderen Arbeiter vermietet. Man munkelte, die Frau sei mit den Kindern bei ihren Eltern untergekommen.

Nun, aus den Augen, aus dem Sinn.

Am Ende war die Familie Kerschbaumer aus dem Dorf und aus dem Gedächtnis der Menschen so schnell verschwunden, wie sie darin aufgetaucht war.

TEIL ZWEI

1976–1984
Eine Raupe wird zum Schmetterling

Sieben

Paul hatte Angst. Seit er denken konnte, war er immer bei seiner Mutter gewesen – jetzt war sie plötzlich nicht mehr da. Er befand sich in einem fremden Haus, bei Menschen, die er nicht kannte. Der Junge wollte nicht hier sein. Er fürchtete sich vor diesen Leuten, und er mochte sie nicht.

Er wollte zu seiner Mama.

Paul verstand nicht, was geschehen war. Er wusste, dass alles irgendwie mit seiner Schwester zusammenhing. Seit Michaela nach Hause gekommen war, war alles schlimmer geworden. Mama war ständig müde und hatte keine Zeit mehr für ihn. Papa Franz wurde schnell wütend und brüllte ihn und vor allem seine Schwester wegen jeder Kleinigkeit an. Michaela schrie und weinte schlimmer als die kleine Sonja.

Ja, Paul war zornig auf Michaela. Nur wegen ihr war alles anders geworden. Aber er konnte nie lange böse auf sie sein. Wenn sie ihn mit ihren großen braunen Augen anschaute und lächelte, musste er sie einfach lieb haben.

Dann war etwas ganz Schlimmes passiert und Pauls kleine Welt war von einem Augenblick zum anderen zusammengebrochen. Er hatte etwas gesehen, was er nicht sehen sollte – oder wollte.

Dieses eine Mal hatte er sich nicht im Zimmer verkrochen und die Ohren zugehalten, als das Schreien und Weinen immer heftiger wurde. Auf Zehenspitzen schlich er nach draußen und wagte einen Blick in die Küche. Der Junge sah, was sein Papa mit seiner kleinen Schwester machte, die hilflos auf dem Boden lag. Er sah die verzweifelte Miene seiner Mutter, die mit der weinenden Sonja auf dem Arm danebenstand. Er hörte Michaelas jämmerliches Wimmern. Er wollte schreien, doch er presste sich die Hände auf den Mund. Er hatte Angst, dass Papa Franz von Michaela ablassen und auf ihn losgehen würde.

Das Bild brannte sich in sein Gedächtnis ein, und sosehr er sich auch bemühte, er wurde es nicht mehr los.

Von dem, was danach geschah, blieben nur bruchstückhafte Erinnerungsfetzen. Michaelas Schweigen, ihre geschlossenen Augen, die blasse Haut. Jemand brachte sie davon. Mama saß weinend in der Küche, hielt Sonja und ihn fest an sich gepresst. Dann mussten sie plötzlich schnell packen und zu der Frau fahren, die er Oma nennen musste, obwohl sie ihn immer so böse anschaute.

„Du bist nicht dem Franz sein richtiges Kind. Geh mir aus den Augen", sagte sie einmal zu dem Jungen.

Er verstand nicht, was sie damit sagen wollte, vermied aber von da an, sie anzuschauen oder das Wort an sie zu richten.

Paul wusste nicht, wo Papa Franz war oder was mit Michaela geschehen war. Er fragte seine Mama, aber die gab ihm keine Antwort. Irgendwann kamen zwei Polizisten und redeten lange mit Mama. Nach ihnen kam diese Frau, die ihn einfach mitnahm. Er wusste nicht, warum sie das machte. Sie war bestimmt eine böse Frau, auch wenn sie behauptete, dass sie ihm helfen wolle. Paul glaubte ihr nicht. Mama schrie und weinte, als die Frau den Jungen in ihr Auto packte und davonfuhr. Paul brüllte und heulte die ganze Fahrt hindurch.

Jetzt war er in diesem Haus, in dem er nicht sein wollte, bei diesen Leuten, von denen er nichts wissen wollte. Weil er nicht wusste, was er sonst tun sollte, verkroch er sich auf einem der Betten im Zimmer, in das ihn diese Frau, die Maria hieß, geschickt hatte, und vergrub den Kopf in den Händen. Einmal kam sie zu ihm, um ihn dazu aufzufordern, sich umzuziehen und zum Essen zu kommen.

Er schrie sie an: „Ich will zu meiner Mama, lass mich in Ruhe!"

Da packte ihn die Frau an den Schultern und schüttelte ihn sanft, aber bestimmt. „Du wirst deine Mama lange Zeit nicht mehr sehen, Paul. Du wohnst jetzt hier bei uns. Ich weiß, dass dir das nicht gefällt, aber du musst dich damit abfinden."

Die schiere Erschöpfung brachte Paul dazu, sich zu fügen. Mit gesenktem Blick und ohne ein Wort zu sagen, tat er, was von ihm verlangt wurde.

Ein paar Tage, nachdem er in das Haus gekommen war, tauchte an einem Morgen eine junge, schöne Frau auf der Türschwelle auf. Sie sah aus wie eine jüngere Version der anderen Frau und wurde von allen Familienmitgliedern fröhlich begrüßt. Sie ging vor dem Jungen in die Hocke und stellte sich ihm vor. Ihr Name war Gerda. Paul konnte nicht anders. Er war hingerissen von dieser Frau, die mit ihrem strahlenden Lachen Sonnenschein und Blütenduft in das Haus zauberte.

„Komm mit, Paul. Wir machen einen Ausflug."

Willenlos ließ sich der Junge an die Hand nehmen und zum Auto ziehen. Auch die Mamme-Frau kam mit, aber ihre Anwesenheit verblasste neben der blühenden Schönheit an ihrer Seite.

Neugierig sah Paul aus dem Autofenster. Erst jetzt wurde ihm bewusst, dass ihm die Umgebung nicht wirklich fremd war – ebenso wenig, wie das Haus und die Menschen, die dort wohnen. Er war schon vorher hier gewesen, wenn er mit Mama die kleine Michaela besucht hatte.

Der Junge mochte diese Gegend nicht. Die dicht bewaldeten Berghänge ragten bedrohlich an beiden Talseiten hoch. Er hielt die Luft an, aus Angst, sie könnten jeden Moment über ihn hereinbrechen. Erst als sie endlich hinter ihm blieben und sich die weite Ebene vor ihnen ausbreitete, konnte er wieder frei atmen. Sein kleines Herz klopfte wild. Vielleicht brachten ihn die beiden Frauen zu seiner Mama? Er wagte nicht, zu fragen.

Sie fuhren vorbei an Häusern und Obstwiesen. Einmal meinte Paul, das Haus zu sehen, in dem er vorher gelebt hatte. Er öffnete den Mund, um etwas zu sagen, doch genau in dieser Sekunde drehte sich die Mamme-Frau um und musterte ihn mit ihrem strengen, prüfenden Blick. Sie lächelte ihm zu, aber Paul kniff die Lippen zusammen und starrte wieder aus dem Autofenster. Immer weiter fuhren sie, hinein in die Stadt Meran, in der er nur selten gewesen war.

Gerda parkte das Auto gegenüber eines großen Hauses. Ihre Mutter verabschiedete sich und eilte durch den Park auf den Eingang des Hauses zu. Gerda nahm den Jungen an die Hand und führte ihn in ein Café.

„Was möchtest du denn trinken, Paulchen? Einen Kakao, oder lieber einen Saft? Möchtest du ein Stück Kuchen dazu? Du bist bestimmt hungrig."

Paul war überwältigt von der Freundlichkeit dieser Frau. Wer, wenn nicht sie, konnte ihm helfen? Tränen traten ihm in die Augen. „Ich möchte nur zu meiner Mama", flüsterte er. „Können wir nicht einfach zu ihr fahren?"

Gerdas Miene wurde augenblicklich ernst.

Paul zuckte zusammen und wollte sich von ihr abwenden, aber sie nahm schnell seine kleinen Hände in die ihren. Überrascht sah er sie wieder an.

Gerda nagte an ihrer Unterlippe und sah zum Fenster hinaus. Schließlich seufzte sie. „Du armer Wurm. Eigentlich sollte ich dir das nicht sagen ... Du kannst im Moment nicht zu deiner Mama zurück. Nach dem, was mit deiner kleinen Schwester passiert ist ... Es geht deiner Mutter jedenfalls nicht gut. Sie braucht eine Weile, um wieder gesund zu werden."

Paul schluckte. Er verstand die Worte dieser freundlichen Frau nicht ganz, war aber unendlich glücklich, dass sie überhaupt mit ihm redete. „Und was ist mit Papa und Sonja? Kann ich sie sehen?"

Gerda hob die Augenbrauen und kniff die Lippen zusammen. „Sonja ist bei deinen Großeltern, soviel ich weiß. Und was deinen Vater angeht ... du weißt doch, was geschehen ist, nicht wahr?"

Wieder sah sie zum Fenster hinaus.

Sie sah nicht, dass Paul den Kopf schüttelte. Wer waren diese Großeltern? Er kannte nur die böse Oma. Warum konnte Sonja nicht bei ihm sein? Was hatte sein Papa denn genau getan? Wo war er? Warum konnte er Paul nicht abholen?

Bevor der Junge noch etwas sagen konnte, stand Gerda auf und zog ihn mit sich nach draußen. „Sieh nur, Paul. Da kommt Mamme mit deiner Schwester."

Die Frau kam gerade über einen Zebrastreifen auf Paul und Gerda zu. Sie trug Michaela in eine Decke gewickelt in den Armen. Es sah aus, als schliefe das Mädchen. Wieder empfand Paul bei ihrem Anblick einen Anflug von Zorn. Da drehte Michaela den Kopf und sah ihren Bruder an. Sie streckte ihm ihre kleine Hand entgegen. Als Paul sie ergriff, lächelte das Mädchen.

Acht

Obwohl das Schuljahr beinahe vorbei war, bestand Maria darauf, dass Paul die Schule besuchte. Einerseits war er froh darüber, das Haus für ein paar Stunden verlassen zu können. Doch das fremde Schulgebäude und die anderen Kinder waren ihm nicht geheuer. Die Lehrer behandelten ihn zwar gut, aber der Junge verstand instinktiv, dass sich hinter ihrer aufgesetzten Freundlichkeit eine unwillige Hilflosigkeit verbarg. Niemand schien recht zu wissen, was sie mit ihm anfangen sollten. So saß er schweigend in der Klasse und gab sich Mühe, die neugierigen Blicke und das Getuschel der Klassenkameraden zu ignorieren.

Heute hatte sich einer der älteren Jungen im Pausenhof vor ihm aufgebaut. „Warum stehst du immer so blöd in der Ecke herum, he? Glaubst wohl, du bist was Besseres?“

Eine Gruppe feixender Kinder gesellte sich zu ihnen. Sie zeigten mit den Fingern auf Paul und lachten. Hannes, der die gleiche Klasse besuchte wie Paul, stand mit verunsicherter und unglücklicher Miene daneben.

Der ältere Junge stierte ihn mit vor der Brust verschränkten Armen an. „Mein Vater sagt, dass dein Vater ins Gefängnis kommt für das, was er getan hat. Mit Leuten wie dem da wollen wir nichts zu tun haben, gell“, rief er den anderen Kindern zu, die ihm johlend zustimmten. „Oooh, guckt mal, jetzt heult er auch noch“, höhnte er weiter.

Sosehr sich Paul auch bemühte, es gelang ihm nicht, die Tränen zurückzuhalten. Die Kinder, mit denen er vorher zur Schule gegangen war, waren niemals so gemein zu ihm gewesen. Seine Hilflosigkeit schlug unvermittelt in Zorn um. Er riss seine kleinen Fäuste hoch und trat zwei Schritte auf den größeren Jungen zu. Dieser wich überrascht zurück.

„Lass mich in Ruhe, du gemeiner Dreckshund!“, schrie er.

Bevor der Junge auf ihn losgehen konnte, tauchten Edith und Andrea an Pauls Seite auf.

„Habt ihr nichts Besseres, als auf kleine Kinder einzuhacken?“, herrschte Edith den Jungen an. Sie stemmte die Hände in die Seiten und stellte sich vor Paul. Das Mädchen war klein und schmächtig, aber der Zorn ließ sie größer wirken. Der große Junge hob die Hände und machte einen weiteren Schritt zurück.

Einer der Lehrer hatte den Aufruhr bemerkt und scheuchte die Kinder davon. „Was ist hier los?“ Streng sah er von Paul zu Edith und dem anderen Jungen.

„Nichts. Wir haben nur gespielt. Nicht wahr?“ Der Junge sah Paul an.

Paul nickte.

Als die Glocke zu Mittag das Schulende verkündete, war er froh, dass Andrea und Edith ausnahmsweise im Hof auf ihn und Hannes warteten. Die Mädchen nahmen die Jungen auf dem Heimweg in die Mitte.

„Was hast du dir dabei gedacht, dich mit einem so großen Jungen anzulegen?“, schimpfte Andrea.

„Aber ich habe doch gar nichts gemacht!“, rief Paul empört.

„Das stimmt“, bestätigte Hannes.

Paul lächelte ihn dankbar an. Auch wenn die Mädchen mit ihm schimpften und Hannes ihm vorhin nicht wirklich geholfen hatte, fühlte er zum ersten Mal so etwas wie Verbundenheit mit seinen Pflegegeschwistern.

„Trotzdem. Wir können nicht immer auf dich aufpassen, hörst du? Sieh zu, dass du keine Schwierigkeiten in der Schule bekommst. Wenn Mamme das mitkriegt, erlebst du dein blaues Wunder…“

Paul wäre nicht im Traum eingefallen, mit seinen Pflegeeltern über die Hänseleien der anderen Kinder zu reden. Der Junge stellte keine Fragen mehr. Überhaupt sprach er so wenig wie möglich. Egal, was er auch machte, er hatte das Gefühl, dass das Stirnrunzeln der Pflegemutter ihm überallhin folgte. Er versuchte, alles richtig zu machen und bloß nicht schon wieder die Aufmerksamkeit auf sich zu lenken. Wie morgens, wenn er im nassen Bett aufwachte und die Mamme-Frau ihn kopfschüttelnd ausschimpfte. Noch schlimmer war es, wenn der Tatte-Mann das Haus betrat. Solange er nicht wusste, wie er mit diesem fremden Mann umgehen sollte, versuchte er, sich in dessen Gegenwart unsichtbar zu machen.

Neun

Kinderstimmen erfüllten das Haus mit Leben. Die Haustür öffnete und schloss sich in einem fort, als die Kinder von der Schule nach Hause kamen. Schuhe wurden im Flur ausgezogen und im Regal verstaut, Jacken wurden an die Haken hinter der Haustür gehängt. Jedes der Kinder hatte seinen eigenen Platz. Trotz der unzähligen herumschwirrenden Füße, Hände und Stimmen herrschte System im Chaos.

Die dreizehnjährige Maja war es, die mit strengem Blick die anderen Kinder überwachte. Und wehe dem, der Unordnung schaffte. Stefan lachte und nannte sie ein dummes Hausmütterchen – allerdings so leise, dass seine Mutter in der Küche es nicht hören konnte. Trotzdem machte auch er sich folgsam auf den Weg ins Bad und wusch sich die Hände. Die vierjährige Ursula stand in der Stubentür und begrüßte ihre Geschwister und Pflegegeschwister freudestrahlend.

Paul betrat nach den anderen Kindern die Küche. Dort entdeckte er Michaela. Sie stand hinter der Tür neben dem Herd an die Mauer gedrückt, als versuchte sie, ein Teil der Wand zu werden. Beim Anblick ihres Bruders leuchteten ihre Augen auf.

Der Junge runzelte die Stirn. Eigentlich wollte er sie schubsen und schütteln und ihr sagen, dass alles ihre Schuld war. Mama und Papa Franz hatten das jedenfalls auch immer gesagt. Wenn sie nur ein braves Kind gewesen wäre, dann könnte er jetzt bei seiner Mama sein, dann müsste er sich nicht mit bösen Kindern streiten, dann brauchte er sich nicht vor den Pflegeeltern fürchten.

Trotzdem war Paul froh, dass Michaela jetzt hier war. Sie war alles, was ihm von seiner Familie geblieben war. Außerdem war der Junge hungrig. In der Küche roch es immer gut. Paul lächelte Michaela an und zwinkerte ihr zu.

Maria begrüßte die Kinder, ohne vom großen Topf aufzusehen, in dem heiße Polenta blubberte. Luis betrat als Letzter die Küche. Paul schlich mit gesenktem Blick zum gedeckten Tisch. Er fürchtete sich vor dem Tatte-Mann nicht so sehr wie vor der Mamme-Frau. Auch wenn er erst seit Kurzem hier wohnte, Paul hatte Marias liebevolles, aber auch temperamentvolles und launisches Gemüt zur Genüge kennengelernt.

Luis war anders. Paul spürte die unbekümmerte Art, mit der die anderen Kinder den Mann liebten. Er war ein freundlicher Mann, der gerne mit den Kindern scherzte. Der Tatte-Mann war nicht sonderlich groß und breit. Trotzdem strahlte er eine ruhige Autorität aus, der sich die Kinder widerspruchslos fügten.

Luis brauchte nur einmal leicht die Stirn zu runzeln, und die Kinder beeilten sich, auf ihre Plätze zu kommen. Der Hausherr setzte sich auf seinen Stuhl. Die Kinder verteilten sich so auf der Eckbank, dass die Älteren den Jüngeren helfen konnten. Nur Michaela hatte sich noch nicht hingesetzt. Mit dem Daumen im Mund stand sie immer noch neben dem Herd und musterte die Kinder am Tisch.

Maja streckte die Hand nach ihr aus. „Komm her, Michi, setz dich neben mich. Da drüben bist du der Mamme nur im Weg."

Michaela nahm den Daumen aus dem Mund und sah ihren Bruder an.

„Aber Michaela darf doch nicht mit uns am Tisch sitzen. Sie muss auf dem Boden essen", erklärte Paul.

Dröhnendes Schweigen breitete sich aus. Die Kinder erstarrten, hielten die Luft an und senkten den Blick. Warteten auf das Donnerwetter. Maria, einen Schöpflöffel voll heiß tropfender Polenta in der Hand, starrte Paul an. Ihr Gesicht war gerötet, ob vom Küchendampf oder vor Zorn, konnte man nicht sagen. Paul begegnete ihrem Blick. Er verstand, dass er – schon wieder – etwas falsch gemacht hatte, wusste aber nicht, was. Auch seine Wangen röteten sich, seine Augen füllten sich mit Tränen.

„Du …", begann Maria, aber Luis unterbrach sie mit einer Handbewegung.

Die Kinder wechselten atemlos Blicke. Die Erziehung war alleine Marias Territorium. Dass der Tatte sich einmischte … Die beiden sahen sich an. Was folgte, war eine kurze, schweigende

Auseinandersetzung. Am Ende war es Maria, die mit zusammengekniffenen Lippen den Kopf senkte.

„Paul. Sieh mich an."

Mit hochgezogenen Schultern und vorgeschobener Unterlippe sah Paul dem Tatte-Mann in die Augen.

„Bei uns hier wird niemand beim Essen auf dem Boden sitzen. Niemals. Ist das klar?" Paul nickte.

„Gut. Michaela, setz dich jetzt neben Maja."

Michaela tat, was Luis ihr befohlen hatte. Sie kletterte auf die Eckbank und sah Mamme erwartungsvoll an. Bald darauf klapperten die Teller und Gabeln fröhlich und endlich konnten alle wieder aufatmen und essen.

Zehn

Ihre Pflegegeschwister freuten sich sehr darüber, dass Michaela wieder bei ihnen war. Aber sie stellten schnell fest, dass sich das Mädchen verändert hatte. Sie war nicht mehr fröhlich und aufgeweckt. Das Kind lachte nicht mehr und war ängstlich. Michaela war zart wie Porzellan und man musste behutsam mit ihr umgehen.

Niemand erklärte den Kindern, was vorgefallen war. Was sie wussten, erfuhren sie von Maja, die ab und zu ein paar Gesprächsfetzen der Erwachsenen aufschnappte. Offen zu fragen hätte niemand gewagt. Das war nicht anders als bei anderen Kindern, die neu in die Familie kamen. Es gab Dinge, über die nicht gesprochen wurde. Die Abgründe, die diese Kinder erlebt hatten, wurden beiseitegeschoben. Es ging um das Notwendigste: Die Kinder brauchten ein Dach über den Kopf, regelmäßige Mahlzeiten, angemessene Kleidung. Alles andere mussten sie sich, wenn überhaupt, untereinander ausmachen.

Die Kinder waren kleine Meister darin, ihre Dämonen selbst zu bekämpfen.

Michaela nahm eine Sonderstellung in dieser Familie ein. Manche der Kinder waren neidisch auf sie. Aber niemand konnte ihr wirklich böse sein. Ihr Haar, das nun wieder dicht und glänzend wuchs, war zu flauschig, ihre großen, fragenden Augen zu sanft, als dass man auf sie hätte wütend sein können.

Paul war da anders. Hätte er sich nur besser ausdrücken können, wäre es ihm vielleicht gelungen, den anderen zu erklären, wie fremd und furchteinflößend diese neue Welt für ihn war. Er wollte doch auch mit den anderen lachen und scherzen. Aber er hatte Angst. Diese Furcht brachte ihn dazu, mürrisch und aufmüpfig zu sein. Und weil er das alles nicht sagen konnte, schwieg er weiterhin.

Obwohl Michaela fast drei Jahre alt war, trug sie noch Windeln. Sie war das einzige Kind, bei dem Maria dies duldete. Ebenso, dass Michaela am Daumen lutschte und kaum sprach. Das Mädchen befolgte artig jede Anweisung. Sie aß, wenn Maria ihr es sagte. Sie spielte mit den anderen Kindern, wenn ihre Pflegemutter sie dazu aufforderte. Meistens aber folgte sie der Frau auf Schritt und Tritt, selbst zur Toilette. Wenn Luis abends aus der Werkstatt nach oben kam, seufzte Michaela jedes Mal erleichtert auf. So, als erwartete sie, er könnte eines Tages spurlos verschwinden. Ohne sich zu verabschieden. Schon wieder.

Nachts kroch sie zu Paul ins Bett. Manchmal knurrte er seine Schwester an und schimpfte mit ihr. Meistens hüllte er sie jedoch schweigend in seine Bettdecke. Sie schliefen aneinandergeschmiegt ein und beschützten sich gegenseitig vor den bösen Träumen.

Der Sommer kam und legte sich wie eine wärmende Decke über die Gemüter. Die Pflegekinder verbrachten einen Teil der Ferien bei ihren Eltern, oder sie wurden ans Meer in das Ferienlager geschickt. Trotzdem wurde es im Haus nie leer, denn es war die Zeit der Sommerfrischler. Diese Kinder wurden während der langen Schulferien aus den unterschiedlichsten Gründen zu Maria und Luis geschickt: damit sie gut aufgehoben waren, während die Eltern arbeiteten; um der Hitze und der stickigen Luft der Stadt zu entrinnen, oder manchmal auch nur, um ein wenig Deutsch zu lernen.

Michaela störte sich nicht an dem ständigen Kommen und Gehen, solange nur ihre Mamme, ihr Tatte und Maja da waren. Außerdem waren die Kinder meistens freundlich zu ihr, dem Küken.

Paul fand sich hingegen in einer Rolle wieder, die für ihn überraschend war. Da er jetzt ein fester Bestandteil dieser Familie war, wurde er für die jüngeren Kinder zu einer Art Rudelführer. Er stellte schnell fest, dass es ihm Spaß machte, über die Spiele der anderen zu bestimmen, sie zu allem möglichen Unfug anzustiften, aber auch die Verantwortung für sie zu übernehmen.

Maria führte ein strenges Regiment im Haus. Sie legte großen Wert auf Ruhe und Ordnung. Wer nicht artig war, musste in der abgedunkelten Schlafkammer sitzen bleiben, während die anderen draußen spielten – der Albtraum eines jeden Kindes.

Wer allerdings seine Aufgaben artig erledigte, durfte nach getaner Arbeit unbeaufsichtigt draußen spielen. Hinter dem Haus hatte Luis für die Kinder eine Spielhütte gebaut, mit einem niedrigen Tisch und zwei schmalen Bänken davor. Daran schloss ein weites Waldgebiet an. Einen idealeren Spielplatz hätte man sich nicht wünschen können. Hier gab es keine Regeln. Alles war erlaubt, solange man nur nicht erwischt wurde.

Die strenge Ordnung und der geregelte Tagesablauf zeigten ihre Wirkung. Michaela verdrängte das Erlebte in die hintersten Winkel ihrer Erinnerungen, sperrte alles in einen alten, schäbigen Schrank, verschloss ihn und warf den Schlüssel in einen Fluss. Wenn sie nachts im Bett lagen, sprach Paul im Flüsterton von ihrer Mutter, Papa Franz und der kleinen Sonja. Doch seine Worte waren für Michaela nichts als ein Märchen. Sie nickte an den richtigen Stellen, weil sie spürte, dass das für ihren Bruder wichtig war. Für das Mädchen selbst zählte nur seine vertraute Stimme, die sie in den Schlaf lullte.

Michaela bekam wieder rosige Backen und je besser es ihr ging, umso besser gelang es auch Paul, sich einzuleben.

Es war an einem Tag im August, als Michaela ihr Lachen wiederfand. Die Kinder saßen am Mittagstisch. Hannes und Edith nutzten einen Moment der Unachtsamkeit ihrer Pflegemutter und rangelten ums Besteck. Mit einem lauten Platschen fiel Edith die Gabel aus der Hand und in den großen Topf, der in der Tischmitte stand. Tomatensoße spritzte nach allen Seiten. Sie landete auf der geblümten Nylontischdecke, auf Tellern und Gläsern, auf Edith und Hannes – und ein großer Klecks mitten auf Tattes Stirn. Luis grunzte und tastete nach der Serviette. Verdattertes Schweigen machte sich breit. Mamme, die nur kurz in der Speisekammer verschwunden war, um den Salzstreuer zu holen, rauschte mit zornrotem Gesicht zurück in die Küche.

Da riss Michaela ihren kleinen Mund auf, warf den Kopf nach hinten und lachte schallend und glockenklar. „Soßenregen, haha, es hat Soße geregnet!“, gluckste sie und klatschte mit den Händen auf den Tisch. Paul, der seine Schwester noch nie lachen gehört hatte, starrte sie sekundenlang an – legte die Hände auf seine Wangen und prustete ebenfalls los. Ihre Heiterkeit war ansteckend; einer nach dem anderen fiel in das Gelächter mit ein, selbst Tatte.

Maria stand mit zuckenden Lippen neben dem Tisch und schüttelte den Kopf.

Elf

Die Pflegemutter kannte keine Gnade. Jeden Tag betrat sie frühmorgens Zimmer für Zimmer, riss energisch die Fenster auf und öffnete mit lautem Geklapper die Fensterläden. Erbarmungslos zog sie die Bettdecken fort und scheuchte die verschlafenen Kinder aus den Betten. Die Kleidungsstücke der Pflegekinder unterschieden sich deutlich von denen der Sommerfrischler, sie waren abgenutzt und unzählige Male geflickt worden. Wer konnte, zog sich selbst an, wer nicht, lernte es schnell. In der Küche wartete eine Plastikwanne voll warmem Wasser auf die Kinder. Sie wuschen sich die Hände und das Gesicht, während Maja der Pflegemutter dabei half, den Tisch zu decken. Luis hatte sein Frühstück meistens schon beendet und war in die Werkstatt gegangen, welche sich im untersten Stockwerk befand. Für die Kinder gab es Malzkaffee und Weißbrot mit selbst gemachter Marmelade, sonntags auch etwas Butter dazu. Auch zur Marende[6] am Abend gab es Weißbrot mit Marmelade oder auch Käse – und manchmal sogar mit Wurst.

Jeder, der dem Krabbelalter entwachsen war, hatte seinen Beitrag zu einem geregelten Tagesablauf zu leisten. Die jüngeren Kinder mussten beaufsichtigt werden. Es gab viele Zimmer aufzuräumen, das schmutzige Besteck türmte sich im Waschbecken, die Toilette und das Badezimmer mussten gereinigt werden. Dann gab es da noch den großen Gemüsegarten, die Hühner und die Schweine. Anschließend durften die Kinder spielen. Spielsachen gab es nur wenige, und das Wenige blieb nicht lange heil. Kaum jemand konnte etwas sein Eigentum nennen, alles musste geteilt werden. Aber der Wald schenkte den Pflegegeschwistern reichlich Steine, Rindenstücke und Zapfen. Nur, wenn es stark regnete, mussten die Kinder im Haus bleiben und – artig und ruhig – in der Stube spielen. Der Fernseher war tabu, einzig die Älteren durften sich abends manchmal eine Sendung ansehen.

6 Zwischenmahlzeit bzw. nicht warme Hauptmahlzeit

Den Sommer und den Herbst nutzte Maria, um die Speisekammer aufzufüllen. Sobald ihre älteste Tochter Gerda Zeit fand, verbrachten sie gemeinsam mit Maja Stunden damit, Marmeladen zu kochen und Obst und Gemüse einzuwecken. Die Speisekammer war gut gefüllt mit Lebensmitteln. Einmal in der Woche fuhr Maria mit Gerda, später manchmal auch mit Alfons, sobald dieser seinen Führerschein hatte, nach Lana und erledigte den Großeinkauf. Einmal im Monat ging es zum Markt. Außerdem war da noch dieser Obst- und Gemüsehändler, der immer wieder kam und seine Ware feilbot. Mit seinem immensen schwarzen Schnurrbart, seinen buschigen Augenbrauen und seiner dröhnenden Stimme versetzte er die jüngeren Kinder regelmäßig in Angst und Schrecken. Für die sich vor Verlegenheit windende Maria hatte er außer seiner Ware immer auch schmeichelnde Worte und brodelnde Blicke im Gepäck.

Zwölf

Während die Monate verstrichen, heilten Michaelas Wunden, die äußeren wie die inneren. Mit den Spuren, die blieben, lernte sie zu leben, vor allem, sie zu ignorieren. Narben wie jene am Bauch, Albträume und ein nervöser Magen, der sie ein Leben lang verfolgen würde.

Langsam kam wieder ihr fröhliches, freundliches Wesen zum Vorschein. Sie verstand sich mit allen Kindern gut, aber die nur ein knappes Jahr ältere Ursula wurde ihre engste Freundin. Im Gegensatz zu den meisten ihrer Pflegegeschwister, die sich insgeheim nach einer eigenen Familie sehnten, nach Eltern, die sich ausschließlich um sie alleine kümmerten, war Michaela glücklich mit dem Leben, so wie es war. In der kleinen, heilen Welt, die sie um sich herum aufbaute, waren nur Maria und Luis ihre Eltern, und es gab keine Geschwister außer jene, die bei ihnen lebten.

Paul spielte und stritt mit den anderen Kindern, weil es von ihm erwartet wurde. Für ihn blieb die Zeit in der Pflegefamilie immer nur eine vorübergehende. Der Junge konnte und wollte die Hoffnung nicht aufgeben, dass ihn seine Mama bald wieder zu sich holen würde. So ließ er außer Michaela niemanden wirklich an sich heran. Sie war die Einzige, der Paul seine innigsten Wünsche und Hoffnungen erzählte.

Es kam die Zeit, in der Michaela ihrer Mamme nicht mehr auf Schritt und Tritt folgte. Immer wieder überfiel das Mädchen jedoch eine heftige Unruhe. Eine leise Stimme in ihr flüsterte, dass sie unbedingt nachschauen musste, ob sie wirklich noch da war, sich nicht einfach davongeschlichen hatte. Dann tapste sie zu ihr in die Küche und setzte sich neben sie auf die Tischplatte. Die Pflegemutter ließ sie gewähren. Michaela war fasziniert davon, wie flink Marias Hände hantierten, dort etwas wuschen und im selben Moment schon wieder im Kochtopf rührten. Sie liebte auch die Gerüche. Maria erklärte ihr mit ruhiger Stimme jeden der Arbeitsschritte und ließ Michaela helfen. Zu Mittag gab es meistens Suppe, Backerbsen- oder Brennsuppe, und danach einen Schmarren oder einen Strudel.

Zu Marias fixem Speiseplan gehörten außerdem Pastasciutta[7], Pellkartoffeln mit Käse, roter Reis. Sonntags gab es meistens Knödel mit Peperonata[8].

Manchmal, wenn Michaela sich sehr fürchtete oder sie der Lärm der anderen Kinder zu sehr anstrengte, schlüpfte sie heimlich zu Tatte in die Werkstatt. Er begrüßte das Mädchen wortlos mit seinen lächelnden Augen. Leise setzte sie sich auf einen Schemel und sah ihm bei der Arbeit zu. Außer Stefan, der selbst eine Tischlerlehre absolvierte, durfte das sonst niemand. Michaela genoss diese gestohlenen Stunden.

Ansonsten verbrachte sie ihre Zeit damit, gemeinsam mit Paul und Ursula die Welt dort draußen zu erkunden: die wilden Erdbeeren, die Pilze, die man essen konnte, und andere, die einen töten konnten. Sie schlichen sich zu Tattes Bienenstock, bauten Zelte aus Stöcken und Ästen, verwandelten die Zapfen der Kiefern in Schafe und Kühe. Bäume eigneten sich hervorragend zum Versteckenspielen. Wer von ihnen besonders artig war, durfte nachmittags mit einem der älteren Kinder zum Nachbarhof gehen, um frische Milch abzuholen. Für Michaela war es jedes Mal ein kleines Abenteuer, ihr Heimathaus – wenn auch nur für kurze Zeit – zu verlassen.

Das Mädchen liebte die Samstage, dann wurden sie nämlich gebadet. Meistens war es Maja, die die jüngeren Kinder dabei beaufsichtigte. Sie wurden zu zweit in die Wanne gesteckt, von oben bis unten geschrubbt, und wenn das Wasser noch halbwegs sauber war, kam gleich das nächste Paar an die Reihe.

Die Sonntage waren hingegen nicht so lustig. Dann mussten die Kinder das gute Gewand anziehen, sich ordentlich waschen, die Haare bürsten und zur Messe gehen. Michaela ging nicht gerne in die Kirche. All die Leute, die so laut schnauften und sich räusperten, und die ganzen seltsamen Gerüche erschreckten sie. Vielmehr noch machte ihr der Priester mit

7 Spaghetti Bolognese

8 einfaches Schmorgericht der italienischen Küche aus Paprika, Tomaten und Zwiebeln

seinen finsteren Augen und den mürrisch herabhängenden Mundwinkeln Angst. Am meisten jedoch fürchtete Michaela den Mann Jesus, der so armselig an seinem Kreuz hing. Sein Anblick erfüllte sie mit einer Mischung aus Mitleid, Ekel und Abneigung. Da sah sie lieber zur Statue der Gottesmutter Maria. Sie war die Einzige in dem großen kühlen Raum, die wahrhaft gütig und freundlich wirkte.

Dreizehn

Die Kinder wussten, wenn Erwachsene zu Besuch kamen, mussten sie im Zimmer oder draußen im Garten bleiben. Aber sie waren neugierig: Was mochte sich nur dort hinter der verschlossenen Küchentür abspielen? Verstohlen lungerten sie in der Nähe der Stubentüre herum, wagten ab und zu einen Schritt in den Flur, oder gingen öfter als notwendig zur Toilette, stets in der Hoffnung, vielleicht einen Blick auf die Leute zu erhaschen, womöglich sogar einen Gesprächsfetzen aufzuschnappen.

Hin und wieder bekamen die Pflegekinder selbst Besuch. Meistens waren es die Mütter, seltener die Väter oder andere Verwandte. Dann saßen diese mit vor Aufregung glühenden Wangen am Küchentisch und beantworteten brav alle Fragen: Ob sie wohl immer artig waren und wie es in der Schule so ging? Anschließend wurden sie wieder zum Spielen nach draußen geschickt, damit sich die Erwachsenen in Ruhe unterhalten konnten. Unter den neidischen Blicken der Pflegegeschwister verließen die Auserwählten die Küche, zumeist mit Kuchenkrümeln in den Mundwinkeln, vielleicht sogar mit einem Geschenk in der Hand. Die freudige Erwartung, die vor dem Besuch noch in den kleinen Augen gefunkelt hatte, war jedoch verschwunden und wurde ersetzt durch Ernüchterung und Verwirrung.

Auch Paul sah immer wieder sehnsuchtsvoll zur Tür, jedoch wurden seine Erwartungen enttäuscht. Er hörte auf, mit Michaela über seine Mama zu sprechen. Der Junge spürte, dass seine Schwester nicht dasselbe empfand wie er. Sie wollte nichts hören über Eltern, die es für sie nicht gab. Er konnte nicht anders, als deshalb wütend auf das Mädchen zu sein. Die Einsamkeit, die Paul empfand, drängte sich immer mehr wie ein unsichtbarer Keil zwischen die Geschwister.

Das neue Schuljahr brach an. Ursula und Michaela genossen die Vormittage, die sie für sich alleine hatten. Ein neues Geschwisterchen fand seinen Platz in der Familie. Sie hieß Nina und war ein putziges, pausbäckiges einjähriges Ding, das von ihnen sorgfältig gehätschelt wurde.

Es war eines Tages im Spätherbst, Ursula und Michaela spielten im Garten, als sie eine Frau beobachteten, die die Einfahrt hinaufstapfte. Neugierig schauten sie die Fremde an, die am Zaun stehen blieb und lächelte.

„Guten Morgen, Kinder! Na, geht es euch gut?"

Die Mädchen sahen sich verunsichert an. Sie wussten, sie durften nicht mit fremden Menschen sprechen. Aber sie mussten auch höflich sein. Schließlich grüßten die beiden scheu und nickten.

Da erschien Mamme auf der Terrasse. „Ah, Frau Trafoier, kommen Sie nur herauf. Kinder, seid schön brav und spielt weiter."

Die Frau winkte den Kindern noch einmal zu und betrat das Haus. Nach einiger Zeit rief Mamme die Mädchen wieder ins Haus. Folgsam zogen sie die Schuhe hinter der Haustür aus, wuschen sich im Badezimmer die Hände und sahen ihre Pflegemutter erwartungsvoll an.

„Ursula, nimm doch die kleine Nina und spiel mit ihr in der Stube. Michaela, du kommst mit mir."

Mit klopfendem Herzen betrat Michaela die Küche. Die Frau saß am Tisch vor einer Tasse Kaffee. Mamme stand mit verschränkten Armen an den Herd gelehnt da. Ihre Verärgerung war deutlich zu spüren. Michaela biss sich auf die Unterlippe und knetete nervös die kleinen Hände.

„Bist du böse mit mir, Mamme? Habe ich etwas angestellt?", flüsterte sie unglücklich.

Mamme wechselte einen schnellen Blick mit der Frau und schmunzelte. „Nein, natürlich nicht."

Die Fremde musterte Michaela aufmerksam von oben bis unten. „Deine Pflegemutter erzählt nur Gutes über dich." Sie streckte dem Mädchen die Hand entgegen.

Folgsam ergriff Michaela sie.

„Mein Name ist Helga. Ich wollte dich besuchen, um zu sehen, wie es dir geht."

Frau Helga stellte ihr ein paar Fragen. Was sie gerne machte, was sie gerne aß. Ob es ihr hier gefiel und wie es ihrem Bruder Paul ging. Michaela antwortete auf alles mit gesenktem Blick. Die Frau wirkte freundlich, war ihr aber nicht geheuer.

„Weißt du, deine Mama würde dich gerne besuchen. Dich und deinen Bruder. Du möchtest doch deine Mama gerne wiedersehen, nicht wahr?“

Michaela sah die Frau mit gerunzelter Stirn an. „Mamme ist doch meine Mama“, murmelte sie schließlich.

Die Frau räusperte sich. „Nun ja, du weißt doch, dass sie deine Pflegemutter ist. Du hast noch eine andere Mama, deine richtige Mutter. Sie wird dich bald besuchen kommen.“

Michaela sah Mamme schweigend an.

Diese seufzte. „Verabschiede dich und geh wieder zu den anderen in die Stube.“

Aber dieses Mal blieb Michaela vor der geschlossenen Küchentür stehen. Sie konnte die Worte, die dort gewechselt wurden, nicht verstehen. Aber Mamme war nicht einverstanden mit dem, was diese Frau Helga sagte, so viel verstand Michaela. Ihr selbst ging es nicht anders.

An einem Sonntag, nicht lange nach diesem Vorfall, spielten die Kinder hinter dem Haus in der Sandkiste. Da wurde das Fenster des Kinderzimmers im Erdgeschoss aufgerissen und Maria steckte den Kopf heraus.

„Paul, Michaela. Kommt herein. Ihr habt Besuch.“

Paul hob neugierig die Augenbrauen und lief los. Michaela folgte ihm zögerlich.

In der Küche saß eine schöne, junge Frau. Michaela wusste, dass sie diese Frau kannte. Aber die Erinnerungen waren nicht gut. Sie spürte ihren Bauch und ihre Brust eng werden. Furchtsam steckte sie den Daumen in den Mund, sah Mammes mahnenden Blick und nahm ihn sofort wieder heraus.

Paul verharrte einen Augenblick auf der Türschwelle. Dann stürzte er sich mit einem Jubelschrei in die weit ausgestreckten Arme der Frau, die ihn lächelnd und mit Tränen in den

Augen umarmte. Über seinen Kopf hinweg wandte sie sich an Michaela.

„Hallo Michaela. Du siehst gut aus, mein Mädchen."

Ihr Lächeln flackerte und bröckelte, als wüsste es nicht, ob es bleiben sollte oder nicht. Sanft schob die Frau Paul von sich und streckte Michaela zögerlich ihre Hände entgegen. Michaela wollte diese Frau, diese Mutter-Frau, nicht umarmen. Sie sah zu Mamme, die ihr kurz zunickte und dann den Blick abwandte. Autorität brodelte in der Luft. Michaela wollte ein artiges Kind sein. Sie kämpfte ihre Zweifel nieder und ging zu der Frau. Sie ließ sich umarmen und rümpfte die Nase. Die Mutter-Frau roch gut, aber Michaela mochte diesen Geruch nicht. Steif stand sie da, wartete, bis die Arme sie wieder losließen. Das Mädchen war erleichtert, als Paul sich wieder an ihr vorbeidrängelte. Er setzte sich auf den Schoß der Mutter-Frau und erzählte in einem fort, von der Schule, von den Spielen, von den anderen Kindern. Michaela stand daneben und schwieg.

So blieb es, wenn Angelika ihre Kinder einmal im Monat besuchte. Nur, wenn sie die kleine Sonja mitbrachte, blühte Michaela auf. Dann saß sie mit der Kleinen auf dem Boden und spielte mit ihr. Sie strahlte und lachte, schenkte der kleinen Schwester die Aufmerksamkeit, um die ihre Mutter sie beneidete.

Vierzehn

„Jetzt lächle doch mal, Michaela“, befahl die Mutter. Ihre Tochter gab sich wirklich alle Mühe. Sie zog die Mundwinkel hoch, bis ihre Wangen schmerzten, aber sie spürte, dass man nicht zufrieden mit ihr war.

Klick – endlich surrte der Fotoapparat, Michaela durfte sich vom Bett erheben. Die Mutter war stolz auf diese erst kürzlich erworbene unhandliche Kamera. Sie nutzte jede Gelegenheit, ihre Kinder in allen Winkeln der Wohnung zu fotografieren. Anschließend wurden die schönsten der Bilder sorgfältig in ein großes, schweres Album geklebt. Noch Jahre später, wenn Michaela ab und zu darin blätterte, bemitleidete sie das kleine Mädchen mit der verkniffenen Miene auf den Fotos. Sie hasste es, fotografiert zu werden.

Die kleine Wohnung befand sich im dritten Stock in einem Kondominium in Untermais, das irgendwann in den 1960er-Jahren lieblos aus dem Boden gestampft worden war. Viele Menschen wohnten dort, und es gab einen kleinen, hübschen Innenhof. Doch Michaela erkannte schnell, dass die Mutter keinen Wert auf nachbarschaftliche Kontakte legte. Dem Mädchen war das egal, es war sowieso nicht gerne hier.

Die Mutter arbeitete jetzt in Algund als Reinigungskraft in einem Hotel. An einem Wochenende im Monat hatte sie frei. Dann holte sie die Kinder am Samstag nach der Schule zu sich. Sonntagabends fuhren sie mit dem Postauto wieder zurück ins Ultental. Auch einen Teil der Ferien durften die Kinder bei ihr verbringen.

Für Michaela waren diese Tage furchtbar. Es machte ihr zwar nichts aus, das Zimmer mit ihrer Schwester zu teilen. Sie mochte die süße, unbeholfene Sonja. Die Kleine heulte immer herzzerreißend, wenn Michaela fortging. Aber die Räume waren klein und beengend. Vom schmalen Flur gelangte man links in die Küche und rechts in eine fensterlose Abstellkammer. Im Wohnzimmer hinter der Küche standen ein klappriger Esstisch mit fünf Stühlen, ein schmales Sofa und ein schlichtes Holzregal. Am Ende des Flurs befand sich das winzige Badezimmer.

Die beiden Schlafzimmer neben der Abstellkammer waren ebenfalls kaum größer. Wenn sie zu Besuch waren, schlief Paul, der es jedes Mal kaum erwarten konnte, seine Mama wiederzusehen, bei der Mutter im Bett. In Sonjas Zimmer stand ein Stockbett an der linken Wand. Die rechte Seite wurde von einem Kleiderschrank eingenommen, vor dem kleinen Fenster fand ein Schreibtisch seinen Platz.

Manchmal wurde Michaela die Kehle so eng, dass sie kaum mehr atmen konnte. Oft stand sie am Fenster und starrte hinaus. Sie versuchte sich vorzustellen, die graue Häuserwand auf der anderen Straßenseite seien die Berge; oder sie kauerte sich auf dem kleinen Balkon vor dem Wohnzimmer unter den Plastiktisch, schloss ganz fest die Augen und suchte nach dem Geruch des Waldes und der Wiesen. Doch alles, was sie sah, roch und spürte, waren hupende Autos, vorbeirasende Vespas und schnatternde Menschen. Die Zeit bei der Mutter erschien ihr jedes Mal wie eine Ewigkeit.

Sie versuchte, sich so ruhig und unauffällig wie möglich zu verhalten, um bloß nicht aufzufallen. Meistens gelang ihr das, denn Paul und Sonja nahmen die Mutter völlig für sich ein und bildeten einen Schutzschild zwischen ihr und Michaela. Das änderte sich erst einige Jahre später, als der Mann Karl ein Teil der Familie wurde. Paul mochte ihn nicht. In der Gegenwart dieses Mannes wurde er ungewohnt aufsässig und frech. Je mehr diese Streitereien zunahmen, umso mehr schien der Mutter plötzlich Michaelas Dasein, ihr schierer Makel bewusst zu werden.

Vorerst war das aber nicht so. Trotzdem konnte Michaela kaum schlafen, weil sie befürchtete, dass die Mutter sie dabehalten würde, dass der Tag kommen würde, an dem sie nicht mehr nach Hause durfte. Wenn sie schlief, wurde sie von Albträumen heimgesucht: von Felsen, die auf sie niederprasselten und sie erdrückten, von dunklen verschlossenen Zimmern, in denen Monster lauerten.

Zum Glück kam jedes Mal der Tag des Abschieds. Die Mutter setzte die Kinder am Bahnhof ins Postauto, und Maria oder Luis nahmen die Kinder bei der Haltestelle neben ihrem

Haus in Empfang. Während Paul Meter für Meter mürrischer wurde, schaute Michaela bei der Busfahrt wie gebannt aus dem Fenster, konnte es kaum erwarten, bis sie endlich am Ziel waren – wieder daheim.

Fünfzehn

Michaela wollte nicht in den Kindergarten gehen. Sie stemmte ihre kleinen Füße in den Boden und plärrte so laut, sie nur konnte. Maria blieb jedoch unerbittlich.

„Hör jetzt sofort auf, Michaela, oder willst du, dass ich den Pragger hole?“, schnauzte sie das Mädchen schließlich an.

Michaela verstummte erschrocken. Ihre Pflegegeschwister gingen mit eingezogenen Schultern in Deckung. Bisher hatte zwar noch niemand erlebt, dass Maria tatsächlich zum Teppichklopfer griff, doch man konnte ja nie wissen. Die älteren Kinder erinnerten sich nur zu gut an die Zeiten, in denen die Mamme noch strenger gewesen war und nicht mit Ohrfeigen gespart hatte. Inzwischen war sie weicher geworden, vielleicht auch müder. Niemand wusste, ob sie ihre Drohung ernst meinte, also war erst recht Vorsicht geboten.

Eingeschüchtert von der böse dreinschauenden Mamme und den sich windenden Geschwistern, wischte Michaela sich den Rotz und die Tränen von den Wangen. Folgsam griff sie nach Ursulas Hand. Wie auch die Schulkinder gingen sie den Weg zu Fuß. Maria schob die kleine Nina im Kinderwagen, die Mädchen gingen an ihrer Seite.

Schlussendlich stellte Michaela fest, dass es ihr im Kindergarten ganz gut gefiel. Die Kindergartentanten waren streng, aber freundlich. Die Bastelarbeiten und Lieder mochte sie besonders. Außerdem war ja Ursula da. Eingeschüchtert, wie Michaela von all den neuen Eindrücken war, hielt sie sich ständig an der Seite ihrer Pflegeschwester und Freundin auf. Nur das Essen schmeckte ihr nicht besonders, aber das Mädchen wagte nicht, sich zu beklagen. Tapfer schluckte es genug Bissen hinunter, um die Tanten zufriedenzustellen.

Im darauffolgenden Jahr wurde Ursula eingeschult. Michaela bemerkte schnell, dass sich einiges geändert hatte. Sie unterstand nicht mehr dem Welpenschutz, den sie sowohl daheim als auch im Kindergarten als eine der Jüngsten genossen hatte. Vielleicht gerade, weil sie nun auf sich alleine gestellt war, gelang es dem Mädchen, über sich hinauszuwachsen.

Die meisten der anderen Kinder waren freundlich und nett. Solange man folgsam war, ließen einen auch die Tanten in Ruhe.

Trotzdem gab es da manche Kinder, die die Kleineren piesackten. Natürlich taten sie das immer hinter dem Rücken der Tanten. Anfangs versteckte Michaela sich noch, aber das nützte nichts. Bei ihren Pflegegeschwistern hatte sie gelernt, dass man sein Mundwerk gezielt einsetzen konnte, wenn man sich gegen andere wehren musste. Doch auch das half nichts gegen die Kniffe und Schläge, die sie immer wieder einstecken musste. Es wäre sinnlos gewesen, sich an Maria oder Luis zu wenden. Die Pflegeeltern waren der Überzeugung, dass die Kinder lernen mussten, ihre Streitereien untereinander auszumachen. Außerdem wollte Michaela nicht petzen – diesen Ehrenkodex kannten bereits die Kleinsten.

Es war Hannes, der der Kleinen eines Nachmittags die Tränen abwischte und ihr zeigte, wozu Fäuste und beschuhte Füße gut waren. Michaela war entzückt. Sie trug Waffen an sich, über die sie vorher nichts gewusst hatte.

Das Mädchen lernte, sich zu verteidigen.

Als Michaela im Alter von sechs Jahren eingeschult wurde, betrat sie das Schulgebäude zwar voller Ehrfurcht und Respekt, aber ohne Angst. So, wie aus einer Raupe ein Schmetterling wird, war aus dem eingeschüchterten, verschlossenen Mädchen ein fröhliches, schlagfertiges Kind geworden. Sie kannte die meisten der Kinder bereits aus dem Kindergarten. Außerdem wusste sie, dass sie sich im Notfall auf die Rückendeckung ihrer Geschwister, vor allem auf Paul, verlassen konnte. Dann tauchte Michaela ein in die Welt des Lernens, des Lesens und des Schreibens – und sie war begeistert. Mit Feuereifer lernte sie und machte die Hausaufgaben. Die freundlichen Hänseleien ihrer Pflegegeschwister prallten an ihr ab. Mit ihrer freundlichen, lustigen Art gewann sie schnell neue Freunde.

Paul hingegen wurstelte sich irgendwie durch die Schuljahre. Das Lernen fiel ihm zunehmend schwerer. Die Lehrer wurden immer ungeduldiger. Mit zusammengebissenen

Zähnen tat der Junge gerade so viel, wie nötig war, um nicht durchzufallen. Das hätte seine Mama enttäuscht. Außerdem fürchtete er sich immer noch vor den Pflegeltern. Sie waren immer gut zu ihm, doch Paul konnte, wollte ihnen einfach nicht vertrauen, sich nicht auf sie einlassen, so wie seine Schwester es getan hatte. Manchmal wünschte er sich, er wäre dazu in der Lage gewesen. Dann schämte er sich sofort für seine Gefühle, denn für ihn sollte es doch nur eine einzige Mutter geben: seine Mama.

Das wird alles vorübergehen, sagte er sich immer wieder im Stillen. Bald wird Mama mich zu sich holen, ich werde in eine andere Schule kommen, dann wird alles besser werden.

Der Einzige, mit dem er sich wirklich gut verstand, war Hannes. Die Hänseleien der anderen Kinder gingen an ihm vorbei. Meistens duldete Paul sie schweigend, aber wenn sie unerträglich wurden, konnte er kämpfen wie ein Löwe. Auch wenn er selbst Veilchen, blaue Flecken und eingeschlagene Zähne von diesen Schlägereien davontrug, erfüllten diese ihn doch mit einer wilden Befriedigung, die gleichzeitig erschreckend war. Er schwieg beharrlich, wenn ihn die Pflegeeltern darauf ansprachen. Im Laufe der Jahre wurde Paul ihnen gegenüber aufmüpfiger – manchmal sogar frech. Mit zusammengepressten Lippen nahm er die entsprechenden Strafen stoisch entgegen.

Fast schien es, dass Paul das Leben, je besser sich Michaela an den Schulalltag und das Leben in der Pflegefamilie gewöhnte, umso schwerer fiel. Trotzdem war seine Schwester die Einzige, der er sich anvertraute. Die beiden Geschwister hingen immer noch sehr aneinander. Nur Michaela erzählte er von seinem Zorn, von seinen Ängsten, von der Sehnsucht, endlich wieder bei Mama zu leben.

Michaela fürchtete sich davor, ihren Bruder eines Tages endgültig zu verlieren, doch sie hörte ihm schweigend zu. Instinktiv verstand sie, dass er genau das brauchte, dass sie ihn nur so halten konnte.

Sechzehn

Michaela hatte den Mann schon ein paarmal aus der Ferne gesehen, bevor er sich ihr zu erkennen gab. Manchmal nahm sie seinen Schatten wahr, wenn er sich auf dem Waldweg hinter den Bäumen versteckte. Dann spürte sie ein Kribbeln auf der Haut und wusste, dass er sie beobachtete. Anfangs fürchtete sie sich vor ihm. Aber er kam nicht näher. Michaela ignorierte ihn und spielte weiter mit den wenigen Sommerfrischlern, die im August bei Maria und Luis wohnten. Eigentlich wusste sie, sie sollte Mamme oder Tatte sagen, dass da einer war, jemand, der ihr auflauerte, aber etwas hielt sie zurück.

An einem brütend heißen Wochenende Ende August sollte Michaela Paul in die Stadt zu ihrer Mutter begleiten, doch sie wollte nicht gehen. Sie täuschte Bauchschmerzen vor.

„Aber morgen ist doch dein siebter Geburtstag. Deine Mutter macht bestimmt eine Torte für dich, und es gibt ein Geschenk", versuchte Maria das Mädchen zu überreden. Sie hatte ihre Pflegetochter natürlich durchschaut. Michaela schüttelte heftig den Kopf, und ihre Mamme gab nach.

So fuhr Paul alleine zur Mutter. Michaela war froh. Appetit hatte sie jedoch tatsächlich wenig. Obwohl das bei dem Mädchen häufig vorkam, schickte Maria sie nach dem Mittagessen in die Schlafkammer, wo sie sich ausruhen sollte. Im Zimmer war es angenehm kühl. Die geschlossenen Jalousien sperrten die Hitze und das Licht aus. Michaela hörte, wie sich die Tür zum Elternschlafzimmer öffnete und schloss. Das Bett knarrte, als Maria sich für ein Nickerchen hinlegte. Michaela gelang es nicht, einzuschlafen. Schließlich erhob sie sich so leise wie möglich und tapste nach draußen. Die Tür zur Stube stand offen. Tatte lag auf der Couch und döste vor sich hin, ein paar der Kinder saßen am Tisch und spielten Karten, zwei der jüngeren lagen auf der kleinen Matratze neben der Couch und schnarchten leise. Michaela schlich auf Zehenspitzen an der Stubentür vorbei und schlüpfte schnell zur Haustür hinaus, bevor sie jemand aufhalten konnte.

Die Hitze traf sie mit voller Wucht. Blinzelnd stand sie in der Sonne. Dann lief sie um das Haus herum und betrat den Waldweg. Tatsächlich, da war der Mann wieder. Er hielt etwas in der Hand. Dieses Mal versteckte er sich nicht. Er kam direkt auf Michaela zu. Sie setzte sich auf einen alten Baumstumpf, ließ die nackten Füße in der Luft baumeln.

Der Mann näherte sich bis auf ein paar Meter. Er lächelte sie unsicher an. „Hallo, Michaela. Groß bist du geworden."

Michaela erkannte ihn an der Stimme. Sie verschränkte die Arme vor der Brust.

Der Mann sah wohl, dass sie sich fürchtete und blieb stehen. Er schaute mit einem Male sehr traurig aus. „Hab keine Angst. Ich tue dir nichts, versprochen. Ich habe etwas für dich. Du hast doch heute Geburtstag, nicht wahr?"

Michaela schielte zu der Tasche, die er in der Hand hielt. Irgendwie tat ihr der Mann leid. „Morgen", flüsterte sie schließlich.

„Ach ja ..."

Eine Weile sahen sie sich voll schweigender Neugierde an. Dann stellte der Mann die Tasche auf den Boden und trat zwei Schritte zurück. Er räusperte sich, steckte die Hände in die Hosentaschen. „Und dein Bruder, Paul, ist er auch hier?"

Michaela schüttelte nur den Kopf.

„Hm", brummte der Mann und kratzte sich am Kopf.

„He, verschwinde von hier!", bellte da eine Stimme hinter Michaela.

Der Mann zuckte erschrocken zusammen und machte ein paar Schritte rückwärts. Michaela schlug sich beide Hände vor den Mund. Verzagt drehte sie sich zu Tatte um. Noch niemals hatte sie ihn so wütend gesehen. Er eilte auf die beiden zu, schwang dabei seinen Stock. Michaela rutschte schnell vom Baumstumpf. Betreten starrte sie auf ihre Schuhspitzen.

„Du hast hier nichts zu suchen!", wetterte Luis. „Du hast schon genug angerichtet, lass das Mädchen in Ruhe."

Aus den Augenwinkeln sah Michaela, wie der Mann immer weiter zurückwich, dann doch noch einmal stehen blieb.

„Ich bin immer noch ihr Vater. Ich habe ein Recht, sie zu sehen", presste er mit wankender Stimme hervor.

Luis' Stimme war so kalt, dass sich Michaelas Nackenhaare trotz der Hitze aufstellten. „Du hast überhaupt keine Rechte. Verschwinde, ich will dich nie wieder hier sehen, hörst du?"

Der Mann ging davon, ohne sich noch einmal umzudrehen. Michaela wagte es kaum, Luis anzuschauen. Der ging an ihr vorbei, hob die Tasche hoch und sah hinein. Das Mädchen brach in Tränen aus. Dieser Tatte, der so wütend war, war ihr fremd. Erst, als er dicht vor ihr stehen blieb, wagte sie es, ihm in die Augen zu schauen.

„Es tut mir so leid. Ich wollte kein böses Mädchen sein", schluchzte sie.

Die Wut wich sofort aus Tattes Miene, wurde wieder sanft und freundlich. Er nahm Michaela in die Arme, drückte sie fest an sich. „Schon gut, Michi. Du hast nichts Schlimmes getan." Hand in Hand gingen sie langsam zum Haus zurück. „Erzähl nur der Mamme nichts davon, hörst du. Versteck das Geschenk bis morgen und sag ihr, du hättest es von deiner Mutter oder deiner Patin bekommen."

Michaela nickte erleichtert.

Am nächsten Tag kam Paul am Abend zurück. Er brachte ein Geschenk mit: Buntstifte und ein Malheft. In dem Paket, das sie von ihrem Vater erhalten hatte, lag eine Puppe mit blondem Haar. In der Nacht drückte sie die Puppe fest an sich.

Siebzehn

Die Sonne funkelte verheißungsvoll auf den träge plätschernden Wellen. Michaela kam aus dem Staunen nicht mehr heraus. Noch nie hatte sie einen See gesehen. Ob das Meer auch so groß war, fragte sich das Mädchen neugierig. Vorsichtig tauchte sie die Zehen ihres rechten Fußes in das kalte Wasser. Aus den Augenwinkeln sah sie einen Wirbelwind aus heller Haut und dem kräftigen Blau einer nagelneuen Badehose vorbeirasen; laut jodelnd landete Paul mit einem gewaltigen Platschen neben ihr im Wasser. Michaela wurde von Kopf bis Fuß unter einer Fontäne begraben. Quietschend hob sie zur Abwehr die Hände. Paul tauchte prustend vor ihr auf und winkte ihr grinsend zu. Mit ungelenken paddelnden Bewegungen bewegte er sich durch das Wasser. Genau wie Michaela war er noch nie am Kalterer See oder überhaupt an einem See gewesen. Er strahlte übers ganze Gesicht. Michaela lachte laut auf. Es war schön, den grüblerischen Paul so ausgelassen und fröhlich zu sehen.

Hinter sich hörte sie Sonja und die Mutter kichern. Die beiden lagen ausgestreckt auf den Badetüchern, die ebenso neu waren wie die Badekleidung der Kinder. Die etwas pummelige Sonja sah in ihrem rosaroten Badeanzug richtig niedlich aus. Michaela zupfte etwas verlegen an ihrem eigenen sonnengelben Bikini, den hübsche Erdbeeren zierten. Der Mann Karl war sehr großzügig. Selbst Paul schien heute einfach nur gut gelaunt zu sein. Jedenfalls hielt er sich mit den üblichen Sticheleien zurück.

Karl wirkte mit seinem dicht behaarten Körper, in einem engen Slip, an dem er ständig herumzupfte, ein wenig fehl am Platze. Lächelnd ging er neben Michaela in die Hocke. „Los, Kleine. Trau dich ruhig, das Wasser ist nicht tief."

„Ja, komm schon, Michi, oder hast du etwa Schiss?", rief ihr Bruder und feixte ausgelassen.

Die Mutter murmelte eine gut gelaunte Ermahnung, doch Paul lachte nur.

Nun, Michaela wollte wirklich kein Angsthase sein. Vorsichtig ließ sie sich ins kühle Nass gleiten. Zuerst japste sie vor

Kälte, aber als sie mit dem ganzen Körper untertauchte, war es nicht mehr so schlimm. Juchzend tollte sie mit Paul im Wasser herum. Auf einmal rutschte sie jedoch auf einem glitschigen Stein aus, bedrohlich schlug das Wasser über ihrem Kopf zusammen. Panisch schlug das Mädchen um sich, versuchte verzweifelt, den Wellen zu entkommen.

Zwei kräftige Hände packten Michaela unter den Achseln und zogen sie aus dem Wasser. Lachend stellte der Mann Karl sie am Ufer ab. „Das machst du nächstes Mal lieber, wenn du richtig schwimmen kannst."

Bevor die nach Luft schnappende Michaela etwas erwidern konnte, wurde sie schon von der Mutter in Empfang genommen. Sekunden später fand sie sich in ein flauschiges Badetuch eingewickelt zwischen den angewinkelten Beinen der Mutter wieder, die ihr sanft das Haar trocken rubbelte. „Du hast mich ganz schön erschreckt, kleine Meerjungfrau."

Neugierig lehnte sie sich an die Brust der Mutter, studierte gründlich deren Gesicht. Ein zärtliches Lächeln lag auf Mutters Lippen. Wieder einmal dachte Michaela, wie schön diese Frau war. Vorsichtig streckte sie die Hand aus und umfasste eine Haarsträhne, die ihre Wange kitzelte. Gnadenlos unterbrach Paul den innigen Moment, denn triefend nass hüpfte er auf die beiden zu und schüttelte seine Haare. Kreischend sprangen Michaela, die Mutter und die kleine Sonja zur Seite. Karl stand daneben und schüttelte sich vor Lachen.

Etwas später saß die Familie wieder friedlich vereint auf den Badetüchern, jeder in den Genuss eines Eises am Stiel vertieft. Wieder etwas Neues für Michaela, die diese Köstlichkeit vorher nicht gekannt hatte.

„Na, schmeckt es dir, Michaela?", stupste die Mutter sie neckend an.

Michaela grinste breit und nickte.

Da wandte sich die Mutter an Paul, der neben ihr saß, und zog ihn in eine Umarmung. „Du, Paul, hast du Michaela denn schon die tollen Neuigkeiten erzählt?" Paul schüttelte den Kopf. Der Junge wirkte mit einem Mal befangen.

Die Mutter strahlte Michaela an. Sanft legte sie ihrer Tochter die Hand auf den Kopf. „Jetzt, wo Paul in die Mittelschule kommt, wird er bei uns bleiben. Bei Sonja, Karl und mir."

Michaela sah ihren Bruder an, der ihrem Blick auswich. Sie verstand nicht so recht, was das bedeuten sollte, aber weil sich alle darüber zu freuen schienen, lächelte sie auch.

„Was sagst du, Michaela, magst du nicht auch bei uns leben? Du musst nicht mehr zurück ins Ultental. Karl könnte deine Sachen abholen und dann bleibst du einfach bei uns?"

Langsam dämmerte Michaela, was die Mutter, die jetzt eigenartig verunsichert wirkte, sagen wollte. Sie erstarrte mitten in der Bewegung. Die Mutter zog schnell ihre Hand zurück und biss sich auf die Unterlippe. Michaela blickte von Paul zu Sonja, zu Karl und dann zu der Mutter. Ein Teil von ihr wünschte sich, es möge immer so sein wie an diesem Tag. Sie wünschte sich so eine Familie, diese Familie. Sie wünschte sich mehr von der Mutter-Frau, wie sie sie heute erlebt hatte. Aber tief in ihrem Herzen wusste sie, dass dies eben nicht ihre wahre Familie war, dass ihr richtiges Zuhause bei Mamme und Tatte war. Michaela sprach kein Wort, aber das war auch nicht nötig.

Die Mutter stand abrupt auf und entfernte sich ein paar Schritte. Der Mann Karl folgte ihr eilig. „Angelika, warte doch. Sie ist doch nur ein Kind."

Paul starrte seine Schwester voller Zorn an. „Du musst aber auch immer alles kaputtmachen, was?", zischte er, bevor auch er aufstand und davonlief.

Michaela senkte den Blick. Von einem Moment zum anderen waren die Fröhlichkeit und Unbeschwertheit des Tages verflogen.

Da spürte sie, wie Sonja ihre Hand nahm, und sah in zwei ernste, aber vertrauensvolle Augen. „Ich habe dich trotzdem lieb, Michaela."

Achtzehn

Wenn es Nacht wurde, senkte sich die Dunkelheit wie ein tröstender Umhang auf die Kinder herab. Die Finsternis kannte all ihre Albträume, versteckten Sehnsüchte und Wünsche, sie wusste von der Trauer und dem Schmerz. Michaela weinte stumme Tränen in ihr Kissen. Wäre sie nur älter und weiser gewesen, dann hätte sie verstehen können, dann hätte sie vielleicht in Worte fassen können, was sie so quälte. Nicht nur, dass Paul nicht mehr da war. Nein, mit ihm war auch ein großer Teil ihrer Unbeschwertheit verschwunden. Wieder wurde Michaela schmerzlich bewusst, wie schnell man lieb gewonnene Menschen verlieren konnte. Dann war da noch die Mutter, eine Frau, deren Erwartungen, die sie an sie stellte, sie nicht verstand und schon gar nicht erfüllen konnte.

Zum ersten Mal seit langer Zeit zeigten sich Risse in der Mauer, die sie aus Selbstschutz um ihr Innerstes hochgezogen hatte. So ganz konnte Michaela den Gedanken nicht mehr verdrängen, dass auch sie eines Tages fortgehen musste. Schlimme Träume suchten sie immer wieder heim. Sie lag auf einer Wiese, über ihr ragte bedrohlich ein hoher Berg empor. Da löste sich ein riesiger Felsbrocken und kam donnernd auf sie zugerollt, aber sie konnte sich nicht bewegen, nicht aufstehen, nicht davonlaufen. Wenn sie erschrocken und mit tränennassem Gesicht aufwachte, war Ursula an ihrer Seite und redete mit sanften Worten auf sie ein. Genau, wie Michaela es so oft für ihre Freundin getan hatte.

Aber Michaela war zäh. Wieder waren es der straff strukturierte Alltag und die vielen Aufgaben, die es für die Schule und im Haushalt zu erledigen gab, die für die notwendige Ablenkung sorgten. Sie war umgeben von den Menschen, die sie liebte und, vor allem, die sie liebten: ihre Familie und ihre Freunde. Ihre Heimat. Hier konnte sie lachen, laut sein, fröhlich sein. Glücklich sein.

Dieser schlimme Albtraum verfolgte sie noch ab und zu, aber nur noch selten. Das mochte auch daran liegen, dass sich die

Situation mit ihrer Mutter einigermaßen beruhigt hatte. Nachdem Angelika und Paul Michaela bei deren ersten Besuchen noch frostig begegneten, normalisierte sich ihr Verhalten mit dem neuen Schuljahr, Pauls Eintritt in die Mittelschule und Sonjas in die Grundschule, wieder.

Michaela verhielt sich, wie sie es immer schon getan hatte: artig, ruhig, zurückhaltend. Wie eine Schlafwandlerin.

Ja, Michaela stellte fest, dass sich so die Zeit in dieser Familie, die sie nicht als die ihre anerkennen wollte, am besten überbrücken ließ: wenn sie mit ihr umging wie mit einem Traum. Einem Traum, aus dem sie erst wieder erwachte, wenn sie zurück in das enge Tal kam, die Einfahrt hinaufhüpfte, die Tür öffnete und zurück in ihr reales Leben bei ihren Pflegeeltern schlüpfte.

Neunzehn

„Hallo Michaela, kannst du dich noch an mich erinnern?"

Michaela benötigte einige Augenblicke, um dem Gesicht dieser sehr schlanken Frau eine Erinnerung zuzuordnen. Sie sah anders aus als damals, älter, dünner, müder. Aber dieser ernste Blick, die Falten um die Mundwinkel, die spitze Nase ...

Michaela starrte die Frau, die ihr die Hand entgegenstreckte, fassungslos an. Sie sah von der Frau zu Maria, die wie zusammengeschrumpft auf dem Stuhl daneben saß, und wieder zurück.

Wenn die Angst sie nachts einzuholen drohte, hatte sie sich immer wieder eingeredet, dass es nicht so weit kommen würde. Sie hatte sich eingelullt in wunderbaren Fantasien über ihre Zukunft, in der sie immer bei ihrer Pflegefamilie bleiben würde. Sie war sich sicher gewesen, dass Maria sie nicht noch einmal fortschicken würde. Immer wenn die Mutter, Paul oder Sonja vorsichtige Andeutungen in diese Richtung gemacht hatten, hatte Michaela höflich gelächelt und hätte sich am liebsten die Finger in die Ohren gestopft. Sie hatte nicht gewagt, der Mutter offen zu sagen, dass sie nicht zu ihr ziehen wollte. Aber war das nicht sonnenklar? Mussten nicht alle wissen, dass es für Michaela nur eine wirkliche Mutter und einen wirklichen Vater gab? Tausende Gedanken dröhnten in Michaelas Kopf.

Warum war diese Frau, deren Anwesenheit nur eines bedeuten konnte, überhaupt hier? Konnte es wirklich sein? Musste, oder – noch schlimmer – wollte Mamme sie etwa loswerden?

„Michaela, gib Frau Trafoier die Hand", fuhr Maria sie ungeduldig an.

Eine Welle der Wut und der Frustration kochte in ihr hoch, und überrumpelt ließ sie ihren überbordenden Gefühlen freien Lauf. „Nein!", schrie sie ihre Pflegemutter an, die erstaunt zurückfuhr. „Nein", wiederholte Michaela, dieses Mal in die Richtung der Sozialassistentin. „Verschwinden Sie von hier. Ich gehe nicht mit Ihnen mit."

Aus den Augenwinkeln sah sie vor dem Küchenfenster die neugierigen Köpfe ihrer auf der Terrasse spielenden

Pflegegeschwister auftauchen. Ich muss raus hier, dachte Michaela panisch. Einfach fort, in den Wald, dann werden sie schon sehen …

Bevor sie auch nur einen Schritt hin zur Tür machen konnte, war Maria aufgesprungen und packte Michaela fest am Arm. „Was fällt dir ein?“, herrschte sie das Mädchen an.

Michaelas Wutanfall verpuffte so schnell, wie er aufgetaucht war. Die Köpfe verschwanden vom Küchenfenster. Eilig tapsende Schritte verrieten, dass die Kinder Reißaus genommen hatten. Michaela blinzelte verstört in die zornig verzerrte Miene ihrer Pflegemutter. Noch nie hatte diese so mit ihr gesprochen, noch nie sie so hart angefasst.

„Was glaubst du etwa, wer du bist? Frau Trafoier ist extra den langen Weg hierhergekommen, um mit dir zu sprechen, also reiß dich gefälligst zusammen. Oder glaubst du, die gute Frau hat sonst nichts zu tun? Jetzt entschuldige dich gefälligst bei ihr.“

Irgendwie gelang es Michaela, eine Entschuldigung zu stammeln, dann brach sie in Tränen aus.

Frau Trafoier war der Szene mit unergründlicher Miene gefolgt. Jetzt stand sie auf, kramte in ihrer Handtasche, holte ein säuberlich gefaltetes Taschentuch heraus und reichte es Michaela. „Schon gut, Kindchen. Frau Schwienbacher, würde es Ihnen etwas ausmachen, wenn ich mich alleine mit Michaela unterhalte?“

Maria verließ die Küche schweigend. Sie schloss die Tür hinter sich mit einem energischen Ruck. Michaela, die immer noch nicht wusste, wohin mit ihrer Verzweiflung und ihrer Scham, ließ willenlos zu, dass Frau Trafoier sie auf einen Stuhl und ihr ein Glas Wasser in die Hand drückte.

„Es tut mir leid“, wiederholte Michaela, nachdem sie sich halbwegs beruhigt hatte.

Frau Trafoier nickte lächelnd. „Ich weiß. Keine Sorge, ich bin schon so einiges gewohnt. Auch bin ich nicht nur extra wegen dir hier. Es gibt noch ein paar andere Familien, die ich bei der Gelegenheit aufsuchen werde. Obwohl, Zeit für so etwas haben wir, also meine Kolleginnen und ich, eigentlich wirklich nicht, aber ... Ach, das tut hier nichts zur Sache." Seufzend sah sie sich in der Küche um, bevor sie wieder Michaela direkt anblickte. „Nächste Woche ist Schulschluss, dann kommt noch die Abschlussprüfung. Deine Pflegemutter sagt, du wirst keinerlei Schwierigkeiten haben, sie zu bestehen. Du bist eine gute Schülerin, oder?"

Michaela nickte verlegen.

Frau Trafoier lehnte sich nach vorne. Mit festem Griff nahm sie Michaelas Hände in die ihren. „Ich weiß, dass du unbedingt hierbleiben möchtest. Glaub mir, wenn es einen Weg gäbe, würden deine Pflegeeltern dich auch hierbehalten."

Michaela wollte ihre Hände wegziehen, doch Frau Trafoier blieb unerbittlich.

„Aber das geht nun einmal nicht, und das musst du verstehen. Es geht hier nicht um deine Wünsche, Michaela. Tatsache ist, dass du eine Mutter hast, die sich um dich kümmern kann und, vor allem, um dich kümmern will. Glaub mir, das ist bei Gott nicht selbstverständlich. Du solltest dich glücklich schätzen. Es gibt Kinder, denen es viel schlechter als dir jetzt gerade geht, und sie sind es, die den Platz in Pflegefamilien wie dieser hier brauchen. Verstehst du das?"

Michaela verstand nicht, sie wollte nicht verstehen. Trotzdem nickte sie mit dem Kopf, weil sie wusste, was von ihr erwartet wurde.

Endlich ließ Frau Trafoier ihre Hände los und lehnte sich im Stuhl zurück. Sie lächelte voll trauriger Sanftheit, als wüsste sie genau, was in Michaela vorging. „Du hast noch diesen Sommer, Kind. Genieße ihn. Im September, bevor die Mittelschule beginnt, wirst du dann endgültig zu deiner Mutter ziehen. Alles wird gut werden, du wirst schon sehen."

Michaela, die den Worten der Frau keinen Glauben schenken konnte, schwieg.

TEIL DREI

1987–1988
Leben im Schuhkarton

Zwanzig

Sonja würde im Herbst in die zweite Klasse der Mittelschule kommen. Sonja war gewachsen. Sonja brauchte neue Schuhe. Sonja freute sich. Sonjas Freude war ansteckend.

Die Mutter erlaubte Michaela, beim Einkauf mitzukommen. Also freute Michaela sich auch.

Sie vertraute der friedlichen Stimmung nicht – das tat sie nie. Aber doch, ja, sie freute sich. Mit zwiespältigen Gefühlen wie diesen lebte Michaela seit dem Sommer, in dem sie elf Jahre alt geworden war. Damals war sie nach Meran gezogen. Von diesem Moment an gab es für Michaela tagtäglich Unsicherheiten, Zweifel und Sorgen, die sie vorher nicht gekannt hatte. Irgendwie hatte sie sich an diese Gefühle gewöhnt. Sie waren wie ein Schatten, den sie durch seine ständige Anwesenheit gar nicht mehr wahrnahm.

Sonja hängte sich bei Michaela ein, die Mutter ging vor den beiden. Die Mädchen unterhielten sich leise kichernd. Zwei ganz gewöhnliche Schwestern an einem ganz gewöhnlichen Sommertag.

Immer wieder sah sich Michaela sehnsüchtig um. Wie gerne wäre sie stehen geblieben. Wie sehr hätte es ihr gefallen, gemütlich über die Freiheitsstraße zu spazieren, ziellos, planlos. Wie schön wäre es, einfach die Wohnung zu verlassen, wann sie wollte und wie sie wollte. Ausgehen, sich mit Freundinnen treffen, vielleicht mit ihnen in einem der hübschen Cafés ein leckeres Eis schlemmen.

Verstohlen beobachtete Michaela die Leute, die dort saßen. Ein junger großer, breitschultriger Mann hielt die Hand seiner Freundin und himmelte sie an. Kinder, von ihren Eltern gutmütig überwacht, lärmten lachend zwischen den Tischen herum. Ein alter Mann lüpfte seinen breitkrempigen Hut, um sich mit einem Taschentuch die Stirn abzutupfen, und genoss ein kühles Glas Wein.

Michaela empfand einen Anflug von Neid. Es wäre so wunderbar, mit ihrer eigenen Familie hier zu sitzen, sich zu unterhalten – ohne die ständige Angst, etwas Falsches zu sagen oder zu tun. Doch das Mädchen, das jetzt fast eine junge Frau war, war klug genug, ihren Wunsch nicht laut zu äußern.

„Jetzt trödelt nicht so!“

Die beiden Mädchen fuhren bei Mutters scharfen Worten zusammen. Zu Michaelas Bedauern ließ Sonja sofort ihren Arm los und schloss zu der Mutter auf. Keine Zeit, gemütlich durch die Lauben zu spazieren. Keine Zeit, um die Schaufenster zu betrachten.

Michaela musterte das Profil ihrer Mutter. Auch mit gerunzelter Stirn und zusammengekniffenen Lippen war Angelika noch immer eine hübsche Frau. Die langen Haare trug sie zu einem züchtigen Zopf geflochten. Dass sie nicht gerne hier war, war ihr deutlich anzusehen. Michaela mutmaßte schon seit einiger Zeit, dass ihre Mutter zwar die Anonymität der Stadt mochte, aber nicht den Rummel und den Lärm, den diese mit sich brachte. Während Michaela ihr dabei zusah, wie sie mit sich rang und kämpfte, verspürte sie plötzlich eine Aufwallung von Respekt für sie. Ja, die Frau gab sich wirklich Mühe. Das hatte sie von Anfang an getan. Sie arbeitete schwer, sie versuchte, ihre Töchter gut zu erziehen, und sie gab es nicht auf, zwischen Paul und Karl zu vermitteln.

Als hätte sie Michaelas Blicke auf sich gespürt, blieb die Mutter stehen und fauchte sie an. „Sag mal, brauchst du eine Extraeinladung? Was trottest du da hinter uns her, beeil dich gefälligst.“

Michaela senkte betreten den Blick. Da hörte sie, wie jemand ihren Namen rief.

Michaela sah sich suchend um. Die Stimme kam ihr vertraut vor. Vielleicht war es jemand, den sie von der Schule kannte. Die Falten auf Mutters Stirn vertieften sich. Sie würde es nicht dulden, dass Michaela sich mit jemandem unterhielt.

Aber es war eine junge Frau, die lächelnd auf sie zukam. Ihr folgte eine ältere Frau, die trotz der Wärme eine dünne lilafarbene Strickjacke über einer weißen Bluse und einen schwarzen wadenlangen Rock trug. Das von grauen Strähnen durchzogene Haar hatte die Frau zu einem strengen Dutt hochgesteckt.

Michaela brauchte ein paar Sekunden, um die junge Frau zu erkennen. Bei der anderen hatte sie keine Zweifel. „Mamme“, murmelte sie. Aus den Augenwinkeln sah sie einen gehetzten Ausdruck auf dem Gesicht ihrer Mutter, das dann zu einer verkrampften Maske erstarrte.

Maria strahlte, als sie vor Michaela stehen blieb und ihre Hände ergriff. Eine Welle von Erinnerungen stürzte auf das Mädchen ein. Wann immer Michaela in den letzten Jahren an ihre Pflegeeltern gedacht hatte, dann mit einer wilden Mischung aus Sehnsucht, Enttäuschung und Zorn. Sie hatte sich so abgeschoben gefühlt, weggeworfen wie einen Haufen Müll. Nun, wo sie die ehrliche Wiedersehensfreude in Marias Augen sah, waren alle negativen Gefühle wie weggeblasen. Am liebsten hätte sie ihre Mamme fest umarmt und nie mehr losgelassen. Aber die Mutter stand neben ihr, mit ihren zusammengepressten Lippen, den vor der Brust verschränkten Armen und diesem beinahe panischen Blick. Hätten die beiden Frauen nicht direkt vor ihnen gestanden und wäre es nicht zu unhöflich gewesen, hätte Angelika sich wohl einfach umgedreht und wäre davongelaufen.

Maria bemerkte Angelikas offensichtliches Unbehagen entweder nicht, oder sie sah darüber hinweg. Sie nahm Michaelas Gesicht in ihre schwieligen Hände. „Wie groß du geworden bist, und wie hübsch. Und auch du, Sonja. Ich wäre beinahe an euch vorbeigelaufen, aber Andrea hat dich gleich erkannt.“

„Hallo Michaela. Schön, dich wieder zu sehen“, lächelte Andrea sie an. Michaela musterte sie staunend. Aus dem pickeligen Mädchen, das sie in Erinnerung hatte, war eine hübsche junge Frau geworden, die Maria wie aus dem Gesicht geschnitten war. Plötzlich musste Michaela mit den Tränen kämpfen. Ihre Mutter war inzwischen aus der entsetzten Erstarrung erwacht und erinnerte sich an ihre Manieren. Höfliche Floskeln wurden ausgetauscht. Dann herrschte peinliches Schweigen.

„Wie geht es denn Paul?“, erkundigte sich Maria und sah dabei Michaela an.

„Ihm geht es gut. Jetzt müssen wir aber weiter. Wir haben keine Zeit mehr“, antwortete die Mutter schroff. Sie packte die beiden Mädchen am Arm und zog sie hinter sich her. Wie ein störrischer Esel stemmte Michaela die Füße in den Boden. Verzweifelt streckte sie ihre Hand nach Maria aus.

„Warte doch kurz! Mamme …“ Maria, die mit einem Mal unendlich traurig wirkte, hob die Hand zum Gruß.

„Pfiati, Michaela. Komm uns doch einmal besuchen. Wir würden uns so freuen. Luis spricht oft von dir“, rief sie ihrer Pflegetochter nach.

„Jetzt komm schon“, fauchte die Mutter. Sie zerrte so energisch an Michaelas Arm, dass die Druckstellen ihrer Finger noch Stunden später zu sehen waren. „Wir gehen sofort nach Hause.“

„Aber Mama, meine Schuhe …“, stammelte Sonja. Doch die Mutter schien ihre Stimme gar nicht mehr zu hören. Sie ging so schnell, als müsste sie vor etwas davonlaufen.

Einundzwanzig

„Komm uns doch einmal besuchen."

Unzählige Mal flüsterte Michaela die Worte ihrer Pflegemutter vor sich hin. Sie wälzte sich im Bett hin und her, jedoch an Schlaf war nicht zu denken. Sonjas Schnarchen, an das sie sich schon lange gewöhnt hatte, begleitete ihre Gedanken wie eine leise Nachtmusik. Die Luft im Zimmer war zu warm und stickig. Gerne hätte sie das Fenster geöffnet, wenn auch nur einen Spaltbreit. Doch die Mutter bestand darauf, dass die Fensterläden und Vorhänge immer fest verschlossen blieben.

Besuchen ... Mamme besuchen ... Tatte besuchen. Dass diese Möglichkeit überhaupt bestand, erschütterte Michaelas so fragil konstruiertes Bild ihrer selbst, ihrer Familie in den Grundfesten. Wäre es wirklich so einfach gewesen? Oft hatte sie das Telefon angestarrt, das im Flur auf einer Kommode stand, und sich gefragt, wie es wäre, den Hörer abzunehmen und die Stimme ihrer Pflegeeltern zu hören. Der Mann Karl hatte darauf bestanden, diesen Apparat anzuschaffen, auch wenn sich die Mutter anfangs dagegen gesträubt hatte. Doch dann hatte sie schnell herausgefunden, dass sie mit diesem Apparat ihre Kinder kontrollieren konnte, besonders Michaela. Trotzdem, wäre es vielleicht möglich gewesen, dieses eine Gespräch zu führen? Alte Sehnsüchte wollten sich in den Vordergrund drängen. Süße Erinnerungen, sorgfältig in den hintersten Winkeln des Gedächtnisses aufbewahrt, drohten die Überhand über Michaela zu gewinnen. Mamme, Tatte, Ursula ... Das kleine mit Möbeln vollgestopfte Zimmer schien immer enger zu werden. Michaela konnte kaum mehr atmen.

„Sei artig und brav", hatte Mamme ihr damals beim Abschied aufgetragen. Auch wenn Michaela darüber entsetzt gewesen war, dass Maria sie einfach so fortschickte, wäre es ihr nicht im Traum eingefallen, ihre Pflegemutter zu enttäuschen. Obwohl sich alle bemühten, sie herzlich willkommen zu heißen, war die erste Zeit für Michaela einfach nur furchtbar. Jede Nacht weinte sie sich in den Schlaf. Sie bemühte sich, folgsam zu sein, erledigte ihre Aufgaben fleißig und klaglos. Aber das war nicht genug. Die Mutter erwartete mehr von ihr. Michaela spürte das. Sie fühlte sich beobachtet, und je mehr die wachsamen Augen der Mutter auf ihr ruhten, umso verunsicherter wurde das Mädchen.

Eines Tages fiel ihr beim Abwasch ein Glas aus der Hand und zersplitterte auf dem Boden.

„Pass doch auf", herrschte Angelika sie an. Michaela konnte nicht anders, sie brach in Tränen aus. Die Mutter sah mit geröteten Wangen zur Seite, als wäre ihr der Gefühlsausbruch peinlich.

„Ich möchte nach Hause zu meiner Mamme", schluchzte das Mädchen. Sofort schlug sie die Hände vor den Mund, doch es war zu spät. Deutlich erkannte sie, wie ihre Worte die Mutter verletzten, bevor Angelikas Miene zu einer Maske der Wut erstarrte.

„Glaubst du etwa, die würden dich zurücknehmen? Was meinst du, warum sie dich fortgeschickt haben? Sie haben keinen Platz mehr für dich, sie wollen dich nicht mehr dort haben. Und jetzt hör mit dem Flennen auf und mach sauber."

Sie musterte ihre Tochter, die wie versteinert vor ihr stand, von oben bis unten.

„Und erwähne diese Leute nie mehr, hast du verstanden?"

Michaela, die sich fühlte, als hätte ihr jemand in den Bauch getreten, nickte langsam.

Erinnerungen können so sehr wehtun, dass sie unerträglich sind. Also verbannte Michaela die Jahre, die sie in der Pflegefamilie verbracht hatte, aus ihren Gedanken, so gut es ging. Das ging so weit, dass sie sich manchmal fragte, ob diese andere Familie nichts gewesen war als ein Traum, ein Hirngespinst. Sie stellte fest, dass es mit der Zeit besser wurde. Sie versteckte sich hinter Paul und Sonja, die froh waren, die Aufmerksamkeit der Mutter auf sich zu ziehen. Ja, wenn man sich nur lange genug duckte und still war, wurde man manchmal vergessen. Dann blieb man nichts mehr als ein stummes Anhängsel.

Vorsichtig kroch Michaela aus dem Bett. In der Dunkelheit tastete sie unter dem Bett nach dem Schuhkarton: ihrem Schatz.

Sie zog ihn nicht hervor, aber ihn zu berühren, zu wissen, dass er da war, war tröstend. In dieser Schachtel lag alles, was ihr von damals geblieben war. Ein ganzes Leben fand darin Platz: glitzernde Steine aus dem Wald hinter dem Haus; Muscheln, die ihr Ursula vom Aufenthalt im Ferienlager mitgebracht hatte; ein zerfleddertes Poesiealbum; zwei abgewetzte Ringe aus Plastik, die ihr schon lange nicht mehr passten; ein Foto von Maria und Luis, eines, auf dem Michaela und ihre Pflegegeschwister, hübsch herausgeputzt, in die Kamera grinsten; die Puppe mit den blonden Haaren, von denen nicht mehr viele übrig waren.

Außerdem lag etwas Geld in diesem Schuhkarton. Ihr Herz pochte jedes Mal schneller, wenn sie, wie jetzt, daran dachte. Es war nicht viel, gerade einmal fünfzehntausend Lire in kleinen Scheinen. Doch für Michaela hatte dieser Schatz einen immensen Wert. Es war ihr eigenes Geld, ihr persönlicher Besitz, und das größte Geheimnis, das sie vor ihrer Mutter bewahrte. Hätte die auch nur eine Ahnung davon gehabt … Michaela wollte gar nicht daran denken.

Am Weihnachtstag war eine Nachbarin, die im ersten Stock wohnte, aus der Wohnung gehuscht und hatte dem verdutzten Mädchen die Scheine in die Hand gedrückt. Michaela war vor Verlegenheit ganz rot geworden. Sie wollte das Geld wieder zurückgeben, die alte Dame schüttelte jedoch energisch den Kopf. „Ich kann dir doch sonst nichts geben, Mädchen, und du bist immer so freundlich und hilfsbereit. Lass mich dir dieses eine Mal eine Freude machen." Das herzzerreißende zahnlose Lächeln dieser netten Person hatte es für Michaela unmöglich gemacht, das Geschenk zurückzuweisen.

Sie durfte die Wohnung nur verlassen, wenn die Mutter sie zum Einkaufen oder in die Apotheke schickte. Da Angelika tagsüber arbeitete, rief sie immer wieder daheim an, um die Anwesenheit ihrer Töchter zu kontrollieren. Eigentlich sollte Sonja Michaela auf diesen Botengängen begleiten, doch sie hatte oft keine Lust und nichts dagegen, wenn ihre Schwester alleine ging. Zu der Mutter sagten die beiden natürlich nie ein Wort.

Eines Tages, ein paar Monate, nachdem Michaela zu Angelika gezogen war, wäre sie beinahe mit der Nachbarin vor deren Haustür zusammengestoßen. Der armen Frau war die Tüte aus der Hand gefallen, alle Einkäufe lagen verstreut auf dem Boden. Michaela entschuldigte sich, half ihr, die Sachen aufzusammeln und in ihre Wohnung zu bringen. Beschämt stellte sie fest, dass sie nicht einmal den Namen der Frau kannte – Kontakt zu den Nachbarn war nicht erwünscht. Außerdem war Michaela zu schüchtern, um fremde Personen anzusprechen. Doch Frau Gruber schien ihre Unsicherheit zu spüren. Strahlend vor Freundlichkeit bedankte sie sich immer wieder für die Hilfe. Augenscheinlich war sie froh, dass jemand ein paar Worte mit ihr wechselte. Ein Blick in das runzelige Gesicht, auf den gebeugten Rücken, die geschwollenen Finger, die eine Krücke umklammerten, und Michaela konnte gar nicht mehr anders. Von da an klopfte sie jedes Mal, wenn sie sich auf den Weg zu ihren Erledigungen machte, an die Tür der Seniorin, um zu fragen, ob sie etwas brauchte. Frau Gruber war sehr dankbar, aber Michaela wäre es niemals eingefallen, eine Gegenleistung zu erwarten.

Jetzt hortete sie das Geschenk der lieben Frau. Inzwischen war für Michaela diese Form der Rebellion zu einem kleinen Triumph geworden. Immer wenn sie in den Schuhkarton schaute, empfand sie Scham – aber auch Genugtuung.

Die Haustür wurde schwungvoll aufgemacht und wieder zugeworfen. Michaela hörte ihren Bruder energiegeladen durch die Wohnung stapfen. Unwillkürlich seufzte sie erleichtert auf. Seit er volljährig war, kam es immer öfter vor, dass Paul spät oder gar nicht nach Hause kam. Wenn Michaela ihn behutsam danach fragte, erzählte er von Freunden, mit denen er sich traf. Mädchen erwähnte er keine, auch wenn man ab und zu Parfum an ihm roch. Sie war klug genug, ihn nicht darauf anzusprechen. Wer weiß, was die Mutter davon halten würde, bekäme sie Wind davon.

Gerne wäre Michaela nach draußen gelaufen, um ihren Bruder zu begrüßen. Sie hörte, wie die Mutter Paul mehrere

Fragen stellte, auf die er einsilbig antwortete. Karl brummte etwas aus dem Wohnzimmer, der junge Mann schnauzte zurück. Alles war wie immer. Michaela hielt die Luft an. Doch die beiden Männer waren anscheinend auf keinen Streit aus. Die Badezimmertür quietschte, die Toilettenspülung rauschte, dann stapfte Paul zu seinem Zimmer und schloss geräuschvoll die Tür hinter sich.

Manchmal tat Karl ihr leid. Er war ein recht angenehmer Zeitgenosse, wenn man bedachte, dass er mit drei Kindern zusammenlebte, die nicht die seinen waren. Zu Sonja hatte er ein inniges Verhältnis, mit Michaela war er immer freundlich gewesen. Aber während er die Erziehung der Mädchen fast ausschließlich seiner Lebensgefährtin überließ, mischte er sich aus Gründen, die Michaela nicht verstand, bei Paul ein. Vielleicht dachte er, er müsste den Jungen in die richtige Bahn lenken, oder es ging ihm darum, zu beweisen, wer der Mann im Hause war. Manchmal benahmen sich die beiden wie eifersüchtige Rivalen. Paul rebellierte, wo er nur konnte. Er ignorierte jede Anweisung, die der Mann ihm gab, tat sogar oft mit voller Absicht das Gegenteil. Jede Lehre, jedes Arbeitsverhältnis, das Karl ihm vermittelte, brach er nach nur kurzer Zeit wieder ab. Gründe fand er genug, aber Michaela dachte bei sich, dass es der pure Trotz war, der ihren Bruder so handeln ließ.

Sie wünschte ihm so sehr, Beständigkeit zu finden, und Ruhe für seinen rastlosen Geist. Auch sie selbst sehnte den Frieden herbei. Nun, wo Paul oft den ganzen Tag unterwegs war, gab es nicht mehr so viele Streitereien, dafür aber umso heftigere. Die Mutter versuchte zu vermitteln, geriet dabei jedoch häufig selbst in Auseinandersetzungen mit Karl. Paul lächelte dann jedes Mal voller Genugtuung. Michaela hätte sie gerne alle gepackt und geschüttelt, doch sie wagte es nicht, sich einzumischen. Die Mutter war nach diesen Kämpfen stets überaus gereizt. Ihren Ärger ließ sie wiederum an Michaela aus …

Das Mädchen wartete geduldig. Bald hörte sie, wie die Mutter sich im Badezimmer wusch und die Toilette benutzte. Nach einer Weile schloss sich endlich die Schlafzimmertür hinter ihr. Geräuschlos erhob sich Michaela, schlich zur Tür und öffnete sie leise. Sonja schnaubte und zuckte im Schlaf, wachte jedoch nicht auf. Die Wohnzimmertür war nur angelehnt. Das flackernde Licht des Fernsehers war zu sehen, die Geräusche einer Fußballübertragung drangen nach draußen in den Flur. Auch dieses Gerät war Karls persönliche Errungenschaft. Angelikas Proteste ignorierend war er eines Tages einfach mit diesem Apparat aufgetaucht. Die Bildqualität war nicht sonderlich gut, und es gab nur ein paar wenige Sender, aber Michaela, die bisher keinen Farbfernseher gekannt hatte, war begeistert. Nur hin und wieder durften Sonja und sie sich zu den Erwachsenen gesellen, um sich ein Stück einer Sendung anzusehen. Trotzdem waren diese wenigen friedlichen Abende, an denen alle einträchtig in einer fremden Welt versanken, wunderbar.

Von Karl war nichts zu hören. Wahrscheinlich war er auf dem Sofa eingeschlafen. Lautlos wie ein Gespenst tapste Michaela zu Pauls Zimmer. Sie klopfte an die Tür. Obwohl keine Antwort zu hören war, drückte sie die Türklinke nach unten und schlüpfte in den Raum. Diese Kammer als Zimmer zu bezeichnen, war eine maßlose Übertreibung. Nachdem Karl bei der Familie eingezogen war, musste Paul anfangs auf dem Sofa übernachten. Seine lauthalsen Proteste trugen schließlich Früchte: Die fensterlose Abstellkammer wurde notdürftig zu einer Schlafkammer umfunktioniert. Das Klappbett, ein wackeliges Regal und eine Holztruhe füllten den Raum komplett aus. An den Wänden hingen Poster von Rockstars, auf dem Regal stapelten sich Zeitschriften und Musikkassetten.

Paul lag auf dem Bett, seinen Walkman in der Hand. Er war nicht überrascht, Michaela zu sehen. Bereitwillig machte er Platz auf seinem Bett. Michaela legte sich neben ihn, angelte sich einen Ohrstöpsel und schloss die Augen. Das Dröhnen der Elektrogitarren und kreischenden Stimmen ließ endlich das Rauschen ihrer Gedanken verklingen.

Zweiundzwanzig

Michaela betrat das Schulgebäude der Frauenoberschule mit gemischten Gefühlen. Einerseits freute sie sich auf diesen neuen Lebensabschnitt. Andererseits fühlte sie sich sofort auf unangenehme Art an die Zeit in der Mittelschule erinnert.

Sie war damals recht unbeschwert in den Schulalltag gestartet. Das Lernen war ihr immer leichtgefallen, der Umgang mit den Mitschülern ebenso. Doch bereits am ersten Tag erfolgte die Ernüchterung. Die anderen Mädchen, allesamt besser gekleidet und frisiert als Michaela, musterten die Neue von oben bis unten und gaben ihr deutlich zu verstehen, dass sie hier fehl am Platze war. Zu den Jungen hatte sie bereits in der Volksschule keinen engen Kontakt gepflegt. Grob und großmäulig, wie sie auch an der neuen Schule waren, hielt sich Michaela lieber von ihnen fern. Alle schienen es lustig zu finden, das fremde Mädchen ständig dafür zu verspotten, wie es aussah, wie es redete. Schriftliche Prüfungen stellten für sie kein Hindernis dar, doch der mündliche Teil war für Michaela der reinste Terror. Die Schlagfertigkeit, mit der sie sich früher durchgesetzt hatte, war irgendwo auf dem Weg zwischen dem Ultental und Meran auf der Strecke geblieben. Auch wenn ihre Mitschülerinnen nach ein paar Monaten das Interesse an dem allzu leichten Opfer verloren, blieb für Michaela diese Zeit traumatisch. Sie erholte sich während der drei Jahre, die sie in der Mittelschule verbrachte, nie wirklich davon.

Sie hangelte sich von Tag zu Tag, in der Schule wie daheim. Eigentlich hatte sie gar nicht vorgehabt, eine weiterführende Schule zu besuchen. Michaela wäre auch nicht auf die Idee gekommen, dass ihre Mutter einen solchen Plan gutheißen würde. Die einzige vage Vorstellung, die sie von ihrer Zukunft hatte, war, vielleicht irgendeine Lehre zu absolvieren. Paul überraschte sie, indem er sich empört an die Stirn tippte, als sie das Thema einmal vorsichtig anschnitt.

„Du spinnst ja. Mach gefälligst eine ordentliche Ausbildung, Schwesterchen. Oder willst du wirklich ewig hier bleiben, abhängig von unserer Mutter?"

Michaela lachte, denn dass diese Aussage gerade von ihrem Bruder kam, der noch keine Lehre durchgezogen hatte, war geradezu absurd. Ehrlich erstaunt war sie über Karl, der sich vehement dafür aussprach, dass die Tochter seiner Lebensgefährtin eine Oberschule besuchte. Mit seinem energischen Einsatz verblüffte und überrumpelte er sowohl Michaela als auch die Mutter.

„Die Kinder haben heute andere Möglichkeiten als wir, Angelika. Bessere. Du willst doch wohl nicht, dass Michaela ihr Leben lang putzen gehen muss, so wie du?"

Die Mutter schwieg dazu. Ihre Tochter hatte den Verdacht, dass es genau das war, was Angelika durch den Kopf gegangen war. Sie war jedoch klug genug, den Mund zu halten. Nachdem selbst Paul seinem verhassten Widersacher brummend zugestimmt hatte, gab es kein Zurück mehr.

Das Einzige, was für die Mutter infrage kam, war die allgemeine Fachrichtung der Frauenoberschule. Sie lag in der Innenstadt und war mit dem Bus leicht erreichbar, bot die Fächer Haushaltslehre, Haushaltspraxis und Handarbeit an – nach Angelikas Meinung immer noch das Wichtigste, was ein Mädchen heutzutage zu beherrschen hatte – und vor allem wurde sie von so gut wie keinen Jungen besucht. Michaela fügte sich diesem Urteil widerspruchslos. Im Grunde genommen war sie dieses eine Mal froh, dass ihr die Entscheidung abgenommen wurde.

Die ganzen Sommerferien über hatte sie dem Schulanfang mit einer Mischung aus Freude und Aufregung entgegengeblickt. Nun sah sie sich ernüchtert um. Da und dort entdeckte sie ein paar Burschen. Sie wirkten wie Außerirdische, wurden neugierig beäugt und sofort scharenweise von den Mädchen in Beschlag genommen. Michaela rümpfte belustigt die Nase. Dann musterte sie seufzend ihre zukünftigen Mitschülerinnen.

Unter all diesen Mädchen in ihren Ballonröcken und Leggings, den neonfarbenen Satinblusen, den mit modischen Stirnbändern gebändigten dauergewellten Föhnfrisuren, fühlte Michaela sich in ihren alten schwarzen Stoffhosen und der unscheinbaren blaugrünen Bluse wie eine ausrangierte Stoffpuppe.

„Schau mal, da ist ja die Ultnerin", ertönte eine Stimme hinter ihr.

Michaela zog die Schultern hoch und erstarrte. Diese Stimme hätte sie überall erkannt. Heike war eines der Mädchen gewesen, die ihr das Leben in der Mittelschule besonders schwer gemacht hatten. Wie zu erwarten, stand ihre Busenfreundin Magda grinsend daneben. Michaela schloss die Augen. Aber die Erinnerungen waren unerbittlich. Ja, Michaela war die Ultnerin. Die mit dem komischen Dialekt, der billigen Kleidung und dem schlichten Pferdeschwanz. Das Mädchen, das man hänseln, verspotten und auslachen konnte – die Außenseiterin eben.

Die letzten drei Jahre hatte Michaela nur überlebt, indem sie in der Schule dieselbe Taktik anwandte wie daheim: sich ducken, still sein. Keine schlechten Noten, doch auch keine allzu guten, bloß nicht die Streberin sein. Nicht aufmucken, nicht auffallen. Ja, an Heike konnte Michaela sich nur zu gut erinnern …

Die Mädchen gingen Grimassen schneidend an Michaela vorbei.

„Mal wieder die Klamotten der Cousinen an, was?", kicherte Magda. Damit war die Aufmerksamkeit der Mädchen, die sich inzwischen im Klassenzimmer eingefunden hatten, direkt auf Michaela gelenkt. Auch Melanie sah sie neugierig an. Michaela spürte, wie ihr die Hitze in die Wangen schoss.

Sie biss die Zähne zusammen. Gedanken rasten durch ihren Kopf. Würde es von jetzt an immer so weitergehen? Würde sie schon wieder die Außenseiterin sein? Noch mehr ducken, noch stiller sein, noch weniger auffallen, bis sie irgendwann … nichts mehr war? Michaela wusste, dass sie das nicht ertragen konnte. Nicht länger. Manchmal wachte sie morgens auf und brachte den Mund kaum auf, so sehr schmerzte ihr Kiefer. Michaela war es leid.

So konnte es nicht weitergehen. Sie wandte sich direkt an Heike und Magda. „Na, ihr. Wie ich sehe, seid ihr auch immer noch nichts als billige Imitate."

Magda zuckte zusammen. Heike klappte ihren Mund auf und zu wie ein Fisch, der verzweifelt nach Luft schnappt. Sie hatten keine Widerworte erwartet, außerdem bezweifelte Michaela mit grimmiger Überheblichkeit, dass die beiden das Wort Imitat überhaupt kannten. Ein paar der umstehenden Mädchen kicherten, auf anderen Mienen bildeten sich Gewitterwolken. Michaela ballte in Erwartung einer weiteren Auseinandersetzung die Fäuste.

Da brach Melanie in Gelächter aus. Melanie: selbstbewusst, schlagfertig, wunderschön, beliebt, ständig umgeben von einem Pulk von Bewunderinnen. Melanie, die niemals unfreundlich oder gemein war. Melanie, die kaum einen zweiten Blick für Mädchen wie Michaela übrighatte. „Gute Antwort." Melanie warf mit einer eleganten Kopfbewegung ihre lange blonde Mähne nach hinten und lächelte Michaela an. „Ich kenne dich, du warst in der Mittelschule in meiner Parallelklasse, oder? Du heißt doch Michaela, nicht wahr?"

Michaela spürte ihre Wangen glühen. Sie nickte verlegen.

Melanie musterte sie von oben bis unten. „Also, Michi, ich jedenfalls finde deine Bluse hübsch, egal ob sie nun neu ist oder nicht."

Aus den Augenwinkeln sah Michaela, dass es nun an Magda war, feuerrot anzulaufen.

Sie räusperte sich verlegen. „Die hat meine Mutter selbst genäht."

Melanie riss ihre blauen Augen weit auf. „Wirklich? Das ist ja stark. Meine Mutter hat noch nie etwas selbst für mich genäht." Sie hakte sich bei dem verdutzten Mädchen unter.

In diesem Moment rauschte die Lehrerin der Fächer Deutsch und Geschichte in das Klassenzimmer. Sie stellte sich vor und wedelte mit den Händen. „Husch, husch, setzt euch schon hin, Mädchen."

Magda wollte sich neben Melanie setzen, aber diese schüttelte freundlich lächelnd den Kopf. „Dieser Platz ist für Michi reserviert, Süße. Nicht böse sein, ja? Du kannst ja neben Heike sitzen."

Und ob Magda böse war, allerdings offensichtlich nicht auf Melanie. Gedemütigt und wütend verzog sie sich, nicht ohne Michaela finster anzustieren. Diese wusste gar nicht, wie ihr geschah. Verunsichert sank sie neben Melanie auf den Stuhl. Diese strahlte sie fröhlich an und wandte sich dann der Professorin zu. Die Frau sah geradezu absurd typisch aus wie eine alleinstehende Lehrerin mittleren Alters: drall, kugelrunde dicke Brillengläser, blonde strubbelige Mähne und ein Kleid, welches an einen Jutesack erinnerte. Michaela und Melanie wechselten einen Blick und gluckten.

Dreiundzwanzig

Zwei Freundinnen von Melanie, Anna und Sara, gesellten sich zu Michaela, als diese an einem windigen Morgen ihr Fahrrad vor der Schule abstellte.

„Morgen. Auch so fit und munter wie wir?“, fragte Anna. Sara gähnte übertrieben laut.

Michaela schmunzelte. Sie mochte die beiden Mädchen, die immer freundlich zu ihr waren.

Ihre Freude verpuffte, als sie Heike und Magda betont langsam vorbeischlendern sah. Erstere deutete mit übertriebenem Entsetzen auf Michaelas Fahrrad: „Wo hast du diesen Schrotthaufen denn her?“

Magda lachte lauthals.

Heike konnte es einfach nicht lassen. War Melanie dabei, tat sie betont zuckersüß und übertrieben freundlich. Sobald die beliebte Freundin aber nicht in der Nähe war, stichelte und stänkerte sie wie eh und je. Mit diesem Verhalten machte sie sich bei den anderen Mädchen allerdings nicht sonderlich beliebt.

Sara rollte mit den Augen, Anna schnaubte genervt.

Michaela biss sich auf die Unterlippe und musterte ihr altes Fahrzeug. Zugegeben, es hatte schon bessere Zeiten erlebt. Paul hatte es ihr vererbt, kaum dass er sich einen ersten motorisierten Untersatz, eine Vespa, leisten konnte. Die Farbe, früher einmal dunkelrot, war kaum noch zu erkennen. Es war übersät von Schrammen und Kratzern, die Bremsen funktionierten kaum noch. Trotzdem hing Michaela an dem alten Drahtesel, der ihr wenigstens ein Minimum an Freiraum verschaffte.

„Nicht jeder hat einen Geldscheißer zum Vater“, fauchte sie dem Mädchen zornig hinterher.

Heike kniff die Lippen zusammen und runzelte die Stirn, wodurch ihr immerhin, wenn auch auf eine langweilige Art hübsches Gesicht grotesk verzerrt wurde. Anna und Sara glucksten, und Michaela musste mit einem Mal gegen einen irren Lachanfall ankämpfen. Da vernahm sie einen Hauch Parfum.

„Uff, dieses Herumzicken schon am frühen Morgen. Könnt ihr das nicht verschieben?“, gähnte Melanie. „Am besten auf später beim Brugger? Dann kommt wenigstens etwas Schwung in den Physikunterricht.“

Die Mädchen lachten. Nur Heike sah noch etwas verkniffen aus. Michaela musterte Melanie aus den Augenwinkeln. Sie war sehr hübsch, wie sie sich gerade gemächlich streckte und sich die Hand mit den frisch manikürten Fingernägeln vor den Mund hielt.

Die Freundin hakte sich bei ihr unter. Gemeinsam betraten sie das Klassenzimmer. Für Michaela war es immer noch etwas Besonderes, neben dem beliebtesten Mädchen der Klasse, wenn nicht des Jahrganges, sitzen zu dürfen. Sie verstand nicht, warum Melanie sie bevorzugte oder was das Mädchen an ihr fand. Würde irgendwann der Moment kommen, in dem Melanie feststellte, dass ihre neue Freundin eigentlich doch langweilig war? Würde sie sich eine neue Freundin suchen und Michaela fallen lassen? Und sobald Melanie das Interesse an ihr verlor, wie lange würde es dauern, bis die anderen Mädchen ebenso reagierten – und dieselbe Tortur wie in der Mittelschule losginge?

Es war Jahre her, dass Michaela einfach nur um ihrer selbst willen dazugehört hatte. Seit der Zeit in der Pflegefamilie, als sie und Paul noch eine Familie waren mit Hannes, Edith, Ursula, Nina, Maja, Stefan und Andrea. Alte Sehnsüchte wollten aufwallen. Michaela packte sie am Schopf und stieß sie zurück in die Ecke, wo sie hingehörten. Es war sinnlos, sich den Kopf darüber zu zerbrechen, was alles schiefgehen konnte. Mochten die anderen Mädchen auch neidisch und missgünstig sein, sie selbst war wild entschlossen, die Zeit mit ihrer neu gewonnenen Freundin zu genießen und die Situation so lange wie möglich auszukosten.

„Wollen wir uns heute Nachmittag treffen?“, fragte Melanie in der großen Pause.

Michaela zuckte verlegen mit den Schultern. „Ich kann nicht. Ich muss meine Schwester von der Schule abholen und die Hausarbeit erledigen.“

„Na, dann treffen wir uns eben, wenn du fertig bist."

„Ich ... ich darf nicht. Ich darf mich nie außerhalb der Schulzeiten mit anderen Leuten treffen", murmelte Michaela. Sie bedauerte sofort, die Worte ausgesprochen zu haben.

Melanie aber sah sie lange schweigend an, so als sähe sie Michaela heute zum ersten Mal. „Dann schwänz doch einfach", fuhr sie schließlich mit sanfter Stimme fort. „Lüg deine Eltern an. Erfinde etwas von wegen Schulunterricht, Projekten, Gruppenarbeiten. Das funktioniert schon, du wirst sehen. Was wollen sie denn tun, dich noch mehr einsperren?"

Ja, was wollen sie denn tun? Was will die Mutter, die Allmächtige, denn eigentlich schon tun? Die Worte ihrer Freundin begleiteten Michaela auf dem Heimweg. Gedanken und Pläne breiteten sich in ihrer Brust aus, ließen sie die Schultern straffen und wachsen.

Vierundzwanzig

„Entschuldige Mama, ich weiß, ich bin zu spät." Mit klopfendem Herzen sah Michaela ihre Mutter an, die ihr aus der Küche entgegenkam. „Ein paar von uns mussten der Handarbeitslehrerin noch helfen, die Sachen zu wegzuräumen."

Die Mutter musterte sie mit zusammengekniffenen Augen. „Was sind das denn für neue Sitten?"

Um nicht weiter ihrem strengen Blick ausgesetzt zu sein, stellte Michaela ihre Schultasche im Flur ab und knöpfte die Schnürsenkel ihrer Turnschuhe auf. „Ach, weißt du, Professor Trojer legt großen Wert auf Höflichkeit. Ich möchte nicht jetzt am Anfang schon ein schlechtes Bild abgeben."

„Na gut. Geh jetzt das Abendessen vorbereiten. Ich bin müde und lege mich kurz hin."

Michaela, die unbewusst die Luft angehalten hatte, atmete leise seufzend aus. Sie entdeckte ihre Schwester, die am Türstock des Wohnzimmers lehnte und sie neugierig musterte.

Sonja wurde zu einer unerwarteten Verbündeten. Seit Michaela in der Oberschule war, lag sie ihr ständig in den Ohren – erzähl mir dies, erzähl mir das. Was ist los bei dir, was passiert Aufregendes in deinem Alltag? Lass mich teilhaben an deinem Leben.

Michaela, geschmeichelt über die ungewohnte Aufmerksamkeit, berichtete bereitwillig. Manches jedenfalls. Erst im Laufe dieser Gespräche wurde ihr bewusst, dass auch die verhätschelte, umsorgte Sonja nichts war als eine Gefangene ihres Lebens. Mit jedem Stück Freiheit, welches Michaela sich heimlich eroberte, gewann auch Sonja ein wenig dazu. Denn wann immer die Ältere sie nicht von der Schule abholte, durfte sie den Weg alleine zurücklegen. Auch sie hatte jetzt endlich Zeit. Kostbare Zeit zum Trödeln; Zeit, um sich mit ihren Freundinnen zu unterhalten. Außerdem gab es da die Nachmittage, an denen weder die Mutter noch Michaela daheim waren. Was für ein neues Ausmaß an Freiheit Sonja zur Verfügung stand. Michaela wusste nicht, was ihre Schwester in diesen raren Stunden unternahm: Ob sie nur daheimblieb oder bei ihren

Freundinnen war, womöglich sogar frech um die Häuser zog. Im Grunde war es Michaela egal, solange die Kleine keine von ihnen in Schwierigkeiten brachte.

Die Mutter zu belügen, war verblüffend einfach. Dabei kannte Angelika ihren Stundenplan, und sie füllte jede Minute von Michaelas freier Zeit mit Arbeit. Häufig ging Sonja ihrer Schwester ungefragt zur Hand. Zudem war die Mutter nachlässig geworden. Sie rief nicht mehr ständig an, vergaß immer öfter abends in jedem Winkel der Wohnung nach Staubflusen zu suchen. Lag das an den ständigen Schwierigkeiten, in denen ihr Ältester steckte; an seinen immerwährenden Streitereien mit Karl? Nun, ihrer Tochter konnte auch das egal sein.

Michaela lernte zu lügen. Melanie war ihre Lehrmeisterin. Wie Rosinen in einem Kuchenteig wurden die Lügen geschickt verteilt. Michaela lernte vorsichtig zu sein – und nicht zu übertreiben. Einmal war es der Sportlehrer, der einen Vortrag hielt. Dann wieder mussten sie in Naturkunde ein Referat halten und sich dazu zweimal in der Bibliothek treffen. Melanie schäumte geradezu über vor Ideen. So gelang es ihr, vor und nach dem Nachmittagsunterricht die eine oder andere Stunde mit ihren Freundinnen herauszuschlagen. Jede einzelne war ein Triumph.

Michaela lernte, Leute einzuschätzen. Sie verfügte über eine wunderbare Gabe der Menschenkenntnis, die ihr nun zugutekam. Mit der Religionslehrerin war ebenso wenig zu scherzen wie mit der Italienischlehrerin. Vor dem Physiklehrer, einem großen, schlanken Mann mit dunklem Haar und dunklen Augen, fürchtete sie sich. In seinen Stunden verhielt sie sich so ruhig und unauffällig wie möglich. Er strahlte eine latente Aggressionsbereitschaft aus, die ihr Bauchschmerzen verursachte. Der Professor für Geografie hingegen war ein kleiner, dicker, gutmütiger Mann, den es nicht störte, wenn die Schülerinnen zehn Minuten zu spät zum Unterricht erschienen. Was ihre Mitschülerinnen anging, machte sich Michaela keine Illusionen. Manche von ihnen hofierten Melanie regelrecht, andere beneideten sie – und schienen ihre Gefühle auf Michaela zu übertragen, als wäre sie Melanies Zwilling. Einige waren ehrlich freundlich, andere hinterlistig. Die Einzigen, zu denen sich im Laufe der Zeit eine enge Freundschaft entwickelte – wenn auch niemals so innig wie mit Melanie – waren Anna und Sara. Magda und Heike gegenüber, die Michaela immer noch mit kaum verhohlener Herablassung begegneten, blieb sie misstrauisch.

Das Mädchen blühte auf. Zum ersten Mal seit Jahren waren Michaelas soziale Kontakte nicht mehr auf ihre Familie beschränkt. Endlich, nach einer unendlich langen Zeit der Einsamkeit, hatte sie wieder Freundinnen und Verbündete. Ihre alte Fröhlichkeit kehrte zurück. Die Zufriedenheit, die Michaela ausstrahlte, hatte positive Auswirkungen auf ihr Umfeld. Daheim verliefen die Unterhaltungen erstaunlich gesittet, beinahe schon friedlich und freundlich. In der Schule entdeckte Michaela, dass sie eine Begabung für Sprachen und erstaunlicherweise auch für Physik und Mathematik besaß. Doch auch in den anderen Fächern fiel ihr das Lernen wieder leicht, einfach weil sie glücklich und motiviert war. Selbst Angelika ließ sich hin und wieder zu einem zufriedenen Brummen hinreißen, wenn ihre Tochter gute Noten nach Hause brachte.

Fünfundzwanzig

Wieder einmal bot ein erfundenes Referat Michaela die Gelegenheit, Neues zu entdecken. Melanie lud sie zu sich nach Hause ein. Michaela verschwieg ihrer Freundin, dass diese Einladung für sie – wie so vieles zuvor – ein erstes Mal war. Die Tatsache, noch niemals zuvor ein anderes Mädchen daheim besucht zu haben, war ihr einfach peinlich.

Mit weit aufgerissenen Augen trat sie hinter Melanie durch das schmiedeeiserne Tor und schritt die kurze Einfahrt hoch. Ständig musste sie sich daran erinnern, den Mund geschlossen zu halten und nicht bescheuert in die Gegend zu starren. Ihre Freundin ging eilig voran, sodass Michaela nur einen kurzen Blick auf den enormen Garten zu ihrer Linken und das Schwimmbecken rechts neben dem Haus werfen konnte. Von wegen Haus, dachte Michaela. Natürlich fehlte ihr der Vergleich, aber dass es sich bei dem Gebäude um eine alte, hervorragend gepflegte Villa handelte, war selbst ihr klar.

Melanie kramte in ihrer Handtasche nach dem Schlüssel und sperrte die Tür auf.

„Was machen deine Eltern eigentlich?“, flüsterte Michaela ihr zu.

„Anwälte. Beide.“

Die Worte fielen aus Melanies Mund wie stinkender Abfall. Bevor Michaela dazu kam, die Worte des Mädchens einzuordnen, trat ihnen im Flur ein Mann entgegen. Er trug einen Anzug und hielt eine Aktentasche unter dem Arm geklemmt. Trotz, vielleicht auch gerade wegen der grauen Strähnen in seinem Haar, war er mit seinem kantigen Kinn und den scharf geschnittenen Wangenknochen gut aussehend.

Zwinkernd begrüßte er die Mädchen, seine Augen funkelten. „Na, ihr zwei hübschen Damen?“

Zu Michaelas unendlicher Überraschung zog er Melanie in eine Umarmung – und küsste sie auf den Mund. Wieder bemühte Michaela sich, nicht allzu offensichtlich zu starren. Die einzigen Männer in Michaelas Leben, denen sie unbefangen begegnete, waren ihr Bruder Paul und Karl, an den sie sich gewöhnt hatte wie an ein bequemes Möbelstück. Keinen von beiden hätte sie jemals so küssen können. Sie bemerkte, wie unangenehm ihrer Freundin die Situation war.

Melanie schälte sich aus der Umarmung und wischte sich den Mund mit dem Handrücken ab.

Michaela versuchte sich so unauffällig wie möglich zu verhalten. Verstohlen sah sie sich um. Hohe Decken, edel glänzende Bodendielen, großartige Gemälde an den Wänden. Das Haus schüchterte sie ebenso ein wie Melanies Vater, der ihr schwungvoll die Hand schüttelte. Michaela stellte sich mit leiser Stimme vor. Sie hielt den Blick dabei auf die Schuhspitzen gesenkt. Sofort schämte sie sich für die alten Latschen. Die abgewetzten Turnschuhe wollten so gar nicht in dieses grandiose Haus passen.

Das Geklapper von Stöckelschuhen verkündete die Ankunft einer weiteren Person. Melanies Mutter gesellte sich zu ihnen. Groß, elegant, fast so schön wie ihre Tochter. Aber eben nur fast. Die Frau begrüßte ihre Tochter mit einem Kuss auf die Wange und Michaela mit höflichen Worten. Dabei lächelte sie, doch ihr Blick war abwesend, gehetzt. „Ich werde Helga gleich anweisen, euch etwas zur Erfrischung zu bringen“, flötete sie.

„Michaela muss gleich wieder fort“, schnitt Melanie ihrer Mutter das Wort ab. Sie packte Michaela an der Hand und zog sie hinter sich her.

Diese hätte das Angebot gerne angenommen, sie war von all den neuen Eindrücken ganz verschwitzt und durstig. Trotzdem folgte sie ihrer Freundin, eine verlegene Verabschiedung stammelnd, die Treppe hinauf in das obere Stockwerk. Kaum betraten sie Melanies Zimmer, fühlte sich Michaela erst recht erschlagen. Sie schwor sich, die Freundin niemals mit zu sich nach Hause zu nehmen. Ihre eigene, winzige Kammer wirkte im Vergleich zu diesem prachtvollen Raum wie ein Rattenloch. Da stand ein Himmelbett mitten im Zimmer. Mit hauchzarten grasgrünen Vorhängen, zudem gestreiften Tapeten, einem flauschigen Teppich und Fenstervorhängen, welche farblich darauf abgestimmt waren.

„Ich bin sprachlos“, stammelte Michaela nach ein paar Sekunden.

Melanie grinste sie frei von jeder Bescheidenheit an. „Ja, es ist schon toll, nicht wahr? Im Moment habe ich die grüne Phase. Noch vor ein paar Jahren war hier alles rosa, letztes Jahr himmelblau. Mal schauen, was mir als Nächstes einfällt.“

Auf Michaelas fassungslosen Blick hin zuckte Melanie mit den Schultern und fuhr mit ausdrucksloser Stimme fort: „Meine Eltern erlauben mir alles. Sie glauben wohl, sie können dadurch ihre Schuldgefühle wettmachen. Weil sie nie Zeit für mich haben.“

Unbekümmert zog sie ihren Pullover aus und stand plötzlich in einem BH aus feinster Spitze da, der kaum ihre kleinen Brüste bedeckte. Melanie öffnete den enormen Kleiderschrank und wühlte darin herum.

Michaela blieb mitten im Raum stehen und wagte es nicht, sich hinzusetzen. Oder den Blick von Melanie zu reißen. Sie holte tief Luft. „Du riechst gut.“ Kaum dass diese Worte ihren Mund verlassen hatten, hätte Michaela sich selbst ohrfeigen können. Sie hatte doch etwas ganz anderes, etwas Belangloses, sagen wollen.

Melanie, die inzwischen endlich eine passende Bluse gefunden hatte, schien von Michaelas Verlegenheit nichts zu bemerken. „Ach ja? Danke dir. Das Parfum hat mir Heike zum Geburtstag geschenkt.“ Sie schlüpfte in die Ärmel ihrer Bluse.

Michaela erhaschte dabei einen Blick auf ihre nackten Unterarme. Der Anblick verdrängte für den Augenblick Melanies Nacktheit aus ihrem Gedächtnis. „Was sind das denn für Narben?“

Melanie hielt kurz inne, musterte Michaela mit prüfendem Blick. „Ich ritze manchmal.“

Michaela guckte weiterhin nur ratlos.

Melanie lachte. „Du süßes, unschuldiges Lämmchen. Genau deswegen habe ich dich so gerne, weißt du? Komm, ich zeige dir, was ich meine.“

Sie nahm Michaela an die Hand und zog sie mit sich ins Bad. Dass Melanie über ein eigenes Badezimmer verfügte, konnte Michaela schon nicht mehr schockieren. Bevor sie etwas tun oder sagen konnte, hatte Melanie eine Rasierklinge aus dem Medizinschrank geholt und deutete damit eine Ritzbewegung über ihrem linken Arm an.

„Meli, nein!“, rief Michaela erschrocken.

Ihre Freundin lachte wieder nur. „Ich tu es doch nicht jetzt, du Lämmchen. Ich wollte dir nur zeigen, wie es geht.“

Michaela setzte sich auf den Badewannenrand und starrte Melanie an. „Aber das tut doch weh. Warum machst du so etwas?“

Die kesse Melanie wurde mit einem Mal sehr ernst. „Genau deswegen mache ich es ja. Das lenkt von den anderen Schmerzen ab. Denen hier drinnen.“ Dabei legte sie sich die flache Hand auf die Brust.

Sechsundzwanzig

Nicht immer konnte Michaela sich diese Fluchten erlauben. Als sie eines Tages direkt nach Unterrichtsende zum Ausgang eilte, rief Heike ihr wieder einmal hämisch hinterher: „Na, muss das Baby nach Hause, das Fläschchen trinken?"

„Lass sie gefälligst in Ruhe, Heike", zischte Melanie ungewohnt gereizt.

Überrascht über die ungewohnt offene Solidaritätsbekundung verharrte Michaela einen Augenblick lang.

„Aber warum musst du denn schon so schnell nach Hause, wir wollten uns doch treffen?", hakte Sara neugierig nach.

„Meine Schwester liegt mit Fieber im Bett, jemand muss sich doch um sie kümmern."

Melanie drückte ihren Arm, aber Sara schüttelte nur schnaubend den Kopf.

„Na, sie ist ja wohl kein Baby mehr. Was ist denn mit deinen Eltern? Und dein Vater, der arbeitet doch hier in Meran, ist der mittags nicht daheim?"

„Ja, was ist eigentlich mit dem?", wunderte sich jetzt auch Melanie.

Michaela befreite sich sanft aus Melanies Griff und lief weiter. „Karl macht meistens nur eine kurze Mittagspause, der hat gar keine Zeit, um zum Essen nach Hause zu kommen. Und er ist nicht mein leiblicher Vater. Ich kenne meinen Vater nicht", rief sie ihren Freundinnen über die Schulter hinweg zu.

Deren verblüffte Mienen waren ihr eine kleine Genugtuung. Natürlich stand Michaela am nächsten Tag erst einmal im Mittelpunkt. Ihre Freundinnen wollten alles wissen. Das Mädchen war selbst erstaunt darüber, wie gut es tat, jemandem von der Zeit in der Pflegefamilie zu erzählen. Erinnerungen, die wie Hirngespinste gewirkt hatten, bekamen wieder reale Konturen. Doch sie schmerzten auch, so wie die Sehnsucht, die sich wie spitze Nadeln in Michaelas Körper bohrten. Sie wollte zu ihrer Familie, zu Mamme, Tatte und Ursula. Sie wünschte sich zurück in diese Zeit der Unbeschwertheit.

„Aber warum hat eure Mutter euch überhaupt fortgegeben?“, erkundigte sich Anna, die sich sowieso nie ein Blatt vor den Mund nahm.

„Die musste arbeiten, sie war ja alleine.“ Die Antwort kam Michaela ganz automatisch über die Lippen. Trotzdem hatten die Worte einen faden Beigeschmack. Erst jetzt, wo sie mit ihren Freundinnen darüber sprach, wurde Michaela bewusst, dass das nicht die ganze Wahrheit sein konnte. Annas einfache Frage löste einen Sturm von Zweifeln und Verunsicherungen in Michaela aus. Niemand hatte jemals mit ihr darüber gesprochen. Nie hatte Michaela gefragt. Immer nur hatte sie die Situation akzeptiert, wie sie war. Doch in ihren Erinnerungen gab es dunkle Flecken.

„Und was ist mit deinem Vater, kennst du den wirklich nicht?“, bohrte Melanie neugierig.

Michaela schüttelte den Kopf. Sosehr es ihr gefallen hatte, wenigstens für kurze Zeit im Mittelpunkt zu stehen, war sie nun doch mit einem Male seltsam erleichtert, als die Glocke läutete und die Mädchen in das Klassenzimmer zurückkehren mussten.

Auf dem Heimweg trödelte Michaela. Die Fragen der anderen Mädchen waren plötzlich zu ihren eigenen geworden. Krampfhaft versuchte sie sich daran zu erinnern, ob sie irgendwann einmal etwas mitbekommen hatte, eine Erklärung für das, was damals geschehen war. Ihre Pflegeeltern hatten in ihrer Anwesenheit niemals über Michaelas leibliche Eltern gesprochen – das taten sie bei keinem der Kinder. Nachdem dieser Mann aufgetaucht war, der ihr die Puppe geschenkt hatte, war sie gar nicht erst auf den Gedanken gekommen, dem Tatte weitere Fragen dazu zu stellen – zu verwirrend war die Situation gewesen. Wäre dieses inzwischen beinahe haarlose Ding nicht immer noch in ihrem Besitz, so hätte sie sich sogar einreden können, es wäre ein Traum gewesen. Mit der Mutter darüber zu reden kam natürlich überhaupt nicht infrage. Vielleicht war sie ja davon überzeugt, dass, wenn sie diese Zeit, in der die Kinder nicht bei ihr gelebt hatten, nur weiterhin totschwieg, sie dann irgendwann tatsächlich aus allen ihren Köpfen verschwinden würde?

Paul hatte in letzter Zeit öfters nicht mehr daheim übernachtet. Heute war er ausnahmsweise zu Hause.

Michaela nutzte die Gelegenheit und schlich sich in seine Kammer. Wie immer lag ihr Bruder ausgestreckt auf dem Bett. Sie legte sich neben ihn und zog ihm die Kopfhörer vom Kopf.

„Na, du.“ Paul legte den Arm um ihre Schulter. Eine Weile lagen sie schweigend da. Nur ein paar Kerzen brannten auf dem Regal. Das flackernde Licht im Halbdunkel hatte eine beruhigende Wirkung.

Endlich wagte Michaela auszusprechen, was sie so sehr beschäftigte. „Paul, sag mal, warum waren wir eigentlich in der Pflegefamilie? Was ist damals passiert?“

Sie spürte, wie Paul erstarrte.

„Dazu kann ich dir nichts sagen, Michi. Da musst du Mama fragen.“

Michaela setzte sich auf und versuchte, ihrem Bruder in die Augen zu schauen. Er wich ihrem Blick aus. Seine Miene war verschlossen.

„Paul, du bist der Einzige, den ich fragen kann, und das weißt du auch. Was ist mit unserem Vater?“, drängte sie.

„Ich weiß nichts über meinen Vater. Der, den du meinst, ist nicht mein Vater. Er ist euer Vater. Deiner und Sonjas.“

Pauls mit Bedacht gesprochene Worte hallten und dröhnten in Michaelas Kopf wie Felsen, die in eine Schlucht stürzen und zerschellen. Bevor sie noch etwas sagen konnte, legte Paul ihr seine Hand über den Mund. Sanft, aber bestimmt. Er schüttelte den Kopf.

„Schlafende Hunde sollte man nicht wecken, Michi. Merk dir das.“

Siebenundzwanzig

Der Frühling brach mit all seiner Macht über das Land herein. Selbst hier in der Stadt kämpften sich die Knospen ihren Weg ins Freie. Die Blüten verjagten mit ihrem herrlichen Duft die letzten Erinnerungen an einen kalten Winter.

Vielleicht lag es an dem verheißungsvollen Zauber, den jeder Frühling so mit sich bringt. Michaela wurde nachlässig – und sie wurde bestraft.

An diesem Freitagabend bemerkte sie es sofort, kaum dass sie die Wohnungstür hinter sich abgeschlossen hatte. Ihr war, als hätte sie mit einem Mal luftleeren Raum betreten. Langsam ließ Michaela den Schulranzen von ihren Schultern gleiten. Kein Ton war zu hören. Doch sie wusste instinktiv, dass die Mutter im Wohnzimmer auf sie wartete – ihr auflauerte.

Zögernd hängte Michaela ihre Jacke an die Garderobe und verstaute ihre Schuhe im Regal. Das Herz pochte heftig in ihrer Brust. Sie fühlte sich seltsam nackt, als sie durch die Wohnzimmertür trat. Die Mutter saß auf der äußersten Kante des Sofas, aufrecht wie ein Stock, mit Händen, die ihre Knie so fest umklammerten, dass die Knöchel weiß hervorstachen. Ihre Lippen waren ein fahler Strich, die zornigen Augen funkelten hinter zusammengekniffenen Lidern. Sonja, ein einziges verheultes, zitterndes Wrack, stand mit verschränkten Armen in der Ecke neben dem Fernseher.

Auf dem Beistelltischchen vor der Mutter lag ein geöffneter Schuhkarton, der Michaela nur allzu bekannt vorkam. Die Mutter erhob sich. Obwohl ihre Tochter inzwischen beinahe ebenso groß war wie sie selbst, wirkte Angelika wie eine Riesin. Das Mädchen fühlte sich winzig klein und hilflos.

„Was hast du dir dabei gedacht? Du brauchst gar nicht so zu Sonja schauen, sie hat mir alles erzählt. Dass du sie auch noch in deinen Lügendreck mit hineinziehen musstest, das sieht dir ähnlich, du unverschämtes Miststück."

Die Stimme der Mutter, anfangs kaum mehr als ein Flüstern, verwandelte sich in ein wildes Kreischen. Die beiden Mädchen zuckten zusammen, Sonja brach erneut in Tränen aus.

Als wäre ihre eigene Stimme ihr nicht geheuer, holte die Mutter tief Luft. Michaela wagte es kaum, ihr ins Gesicht zu schauen. „Du hast wohl geglaubt, du kannst mich belügen, ja? Du bist doch der gleiche Nichtsnutz wie dein Vater. Immer noch dasselbe trotzige Gör wie damals. Wo hast du das Geld her?"

Tausende Gedanken schossen durch Michaelas Kopf und doch konnte sie keinen davon fassen. Sie blieb stumm, starrte schweigend auf den Schuhkarton.

Die Mutter packte den Karton und leerte den Inhalt schwungvoll auf dem Tisch aus. „Wo du das Geld her hast, will ich wissen?", schrie sie weiter.

Münzen und vereinzelte Scheine kullerten über die Tischplatte, manche fielen zu Boden. Michaela war es immer noch unmöglich, sich zu bewegen oder ein Wort hervorzubringen. Wie in Zeitlupe sah sie die Mutter auf sich zukommen und die Hand heben. Klatschend krachte die Handfläche auf ihre Wange.

„Antworte gefälligst!", kreischte Angelika.

Michaelas Wangen brannten, ihr Kopf dröhnte. Benommen nahm sie wahr, dass Sonja inzwischen laut schluchzte. Endlich kam der Gedankenwirrwarr in Michaelas Kopf zu einem Stopp, sie konnte wieder klar denken. „Frau Gruber, sie wohnt unten ...", stammelte sie. „Ich habe manchmal Einkäufe für sie ..."

„Und da fällt dir nichts Besseres ein, als ihr Geld zu nehmen? Sie auszunutzen?"

„Nein, so ..."

„Sei still! Halt bloß den Mund, du ... Nicht genug, dass du uns bei jeder Gelegenheit belügst, dich heimlich mit weiß Gott wem triffst, anstatt zu tun, was dir aufgetragen wird! Jetzt bist du auch noch eine Diebin? Ich wusste doch, dass es eine schlechte Idee war, dich auf diese Schule zu schicken. Ein solches Miststück wie du ist für die letzte Drecksarbeit gerade noch gut genug. Nur dass du es weißt, die Schule kannst du dir abschminken."

Endlich erwachte Michaela aus ihrer Erstarrung. Eiskalt packte sie das Entsetzen. „Das kannst du mir nicht antun!", schrie sie.

Wieder schlug die Mutter ihr ins Gesicht. „Sag du mir nicht, was ich tun und lassen soll. Und jetzt beweg dich auf der Stelle zu Frau Gruber, gib ihr das Geld zurück, entschuldige dich bei ihr und sag, sie soll sich jemand anderen für ihre Erledigungen suchen."

Bevor Michaela wusste, wie ihr geschah, hatte die Mutter sie vor die Tür geschoben. Weinend stolperte Michaela die Treppe hinab. Die Mutter zerrte Michaela nochmals vom oberen Treppenabsatz aus am Ärmel zurück. „Hör gefälligst auf zu flennen und wisch dir den Rotz vom Gesicht."

Michaela zitterte am ganzen Körper, als sie auf Frau Grubers Türklingel drückte. Es dauerte lange, bis die alte Frau zur Tür kam. Irgendwie gelang es Michaela, ein paar halbwegs verständliche Sätze zu stammeln. Sie drückte der verdattert dreinschauenden alten Frau das Geld in die Hand. Das Mitleid in ihrem Blick war ihr unerträglich.

Michaela wurde ohne Essen ins Bett geschickt. Ihr war es egal. Sie hatte keinen Hunger, wusste nicht, ob sie jemals wieder so etwas wie Appetit empfinden konnte. Außerdem kannte sie diese Vorgehensweise bereits. Sie war oft genug mit Essensentzug bestraft worden – bis sie eines Tages den Spieß umgedreht hatte. Die Mutter konnte sich schrecklich darüber aufregen, wenn Michaela nur auf ihrem Teller herumstocherte. Essensverweigerung, ja, auch das war ein wenig Macht in einem Meer der Machtlosigkeit.

Die Mutter hatte die Fotos in kleine Schnipsel zerrissen und mit allem anderen, was im Schuhkarton gewesen war, in den Mülleimer gekippt.

Kein Leben in einer Schachtel mehr, nein, ein Leben, das zum Verrotten verdammt war. Auch das war Michaela egal. Sie hatte keine Tränen mehr. Der Schmerz, der in ihr rumorte und an ihren Nerven zerrte, wollte nicht aufhören. Die Schule aufgeben müssen ... dabei machte ihr der Unterricht Spaß, ihr Zwischenzeugnis war hervorragend gewesen. Zum ersten Mal sah Michaela eine Zukunftsperspektive außerhalb dieser engen schäbigen Wände vor sich. Das sollte sie aufgeben? Melanie, ihre einzige wahre Freundin? Was war sie ohne Melanie? Die

Zukunft dehnte sich vor Michaela aus wie ein endloses schwarzes Loch.

Sonja betrat das Zimmer auf leisen Sohlen. Sie kauerte sich neben das Bett ihrer Schwester nieder und ergriff deren Hand. „Es tut mir so furchtbar leid, Michi. Sie muss beim Putzen auf den Karton gestoßen sein und hat mich einfach überrumpelt. Ich wollte dich nicht verraten, ehrlich."

Michaela strich dem Mädchen eine Haarsträhne aus dem Gesicht. „Schon gut, Sonja. Ich bin dir nicht böse. Ist ja nicht deine Schuld."

Lange Zeit schwiegen die beiden. Dann machte Sonja sich los, kletterte nach oben und legte sich in das knarrende Bett. „Mama meint es nicht so, weißt du. Sie ist nur wütend."

Michaela stellte sich schlafend.

Später, als endlich alles ruhig und dunkel war, schlich sie sich ins Bad. Sie kramte in Karls Toilettentasche und fand die Rasierklingen. Ein paar Herzschläge lang verharrte sie so, fragte sich, wie es wäre, im Badezimmer ihres leiblichen Vaters herumzukramen – in seiner Wohnung zu leben. Vielleicht hatte er sogar ein Haus? Womöglich hatte er eine neue Familie? Würde er sich freuen, wenn Michaela einfach so vor ihm auftauchte?

Aber er war nicht hier. Und Michaela war nicht bei ihm.

Melanie hatte recht, stellte sie fest. Der Schmerz wurde erträglicher, wenn man ihn in Blut ertränkte.

Nach einer Nacht, in der sie kaum ein Auge zugetan hatte, fand Michaela sich wie eine Schlafwandlerin in der Küche ein. Ganz mechanisch verrichteten ihre Hände ihre Aufgabe und bereiteten das Frühstück vor. Sie fühlte sich wie eine nutzlose Schaufensterpuppe, als sie mit ihrer Familie am Tisch saß. Karl war darum bemüht, die Stimmung aufzuhellen. Immer wieder versuchte er, Angelika und Sonja, die mit gesenktem Kopf und hängenden Schultern dasaß, in eine Unterhaltung zu verwickeln. Michaela streifte er nur mit einem verlegenen Lächeln. Die Mutter trank wie üblich nur eine Tasse Kaffee. Dunkle Schatten unter ihren Augen verrieten, dass auch sie schlecht geschlafen hatte.

Michaela räumte den Tisch ab und stapelte das Geschirr im Waschbecken. Sie hörte, wie Sonja im Bad rumorte und Karl nach einem kurzen Abschiedsgruß die Tür hinter sich ins Schloss zog. Ein Blick auf die Uhr sagte ihr, dass die Mutter spät dran war. Da spürte sie deren Anwesenheit in der Küche. Sie wagte es nicht, sich umzudrehen.

„Michaela, du bleibst heute daheim. Ich nehme deinen Schlüssel mit." Ausdruckslos dahin geworfene Worte, wie Müll auf der Straße.

Michaela erstarrte. Sie hörte, wie die Mutter die Wohnung verließ. Sonja betrat die Küche, sagte dies und das – Michaela reagierte nicht. Schließlich ging auch Sonja davon. Wie lange Michaela in der Küche vor dem Waschbecken gestanden hatte, konnte sie später nicht sagen. Fünfzehn Minuten, dreißig? Irgendwann tapste sie hinaus in den Flur. Eigentlich wollte sie sich unter der Bettdecke verkriechen. Da fiel ihr Blick auf Pauls Stiefel. Er war also daheim. Sie trat zu seiner Zimmertür. Sein Schnarchen war bis nach draußen zu hören.

Seine Jacke hing an der Garderobe. Michaela fand seinen Schlüsselbund in einer der Jackentaschen. In der Schublade des Garderobenschranks lagen ein paar Scheine und Münzen, die Karl dort immer liegen ließ, falls er etwas Wechselgeld brauchte. Michaela huschte ins Bad, wusch sich das Gesicht, putzte die Zähne, fuhr sich mit dem Kamm durch die Haare und band sie zu einem Pferdeschwanz zusammen. Sie schlüpfte in ein bequemes Paar Jeans und zog sich einen schlichten blauen Pullover an. Die Jacke, die Turnschuhe – fertig.

Ziellos wanderte Michaela durch die Straßen. Um diese Zeit war kaum jemand unterwegs, den sie kannte. Doch auch wenn, es wäre ihr egal gewesen. Wie von selbst führten ihre Beine sie zum Zugbahnhof. Wohin sollte sie fahren? Bus oder doch Zug? Ein Gedanke keimte in ihr auf, ein kleiner Hoffnungsstrahl. Wenn ich doch nur wüsste, wo mein Vater wohnt. Bevor sie den Gedanken weiterspinnen konnte, fiel ihr Blick auf einen Bus, der gerade vor dem Bahnhofsgebäude hielt. Michaela blinzelte. Sie fühlte sich immer noch wie in Trance, als sie in den Bus stieg.

„Wohin denn, hübsches Mädel?“, brummte der Busfahrer freundlich.

Michaela nannte ihm die Ortschaft. Er nickte und nahm die Münzen entgegen, ohne weitere Fragen zu stellen.

Achtundzwanzig

Als Michaela aus dem Bus stieg, war sie wild entschlossen, Antworten auf ihre Fragen zu erhalten. Aber irgendwo auf dem kurzen Weg von der Bushaltestelle zur Haustür gingen ihre guten Vorsätze verloren. Vielleicht nahm sie der Wind mit sich fort, der an ihr zerrte und ihr, wie um sie willkommen zu heißen, das Haar zerzauste.

Wahrscheinlich waren es die Erinnerungen. Jeder Schritt, den Michaela die asphaltierte Einfahrt hinaufstapfte, wirbelte Spuren der Vergangenheit auf. Gerüche bestürmten sie fröhlich und nahmen sie gefangen: Holzspäne, geräuchertes Fleisch, duftende Blumen, der herrliche Duft frischer Backwaren.

Noch bevor sie die Haustür erreichte, entdeckte sie ihre Pflegemutter, die auf dem Balkon stand und die Wäsche aufhängte. Als Maria sie erkannte, legte sie die Hände an die Wangen und rief überrascht ihren Namen. Die Frau kam Michaela im Flur entgegen und umarmte sie stürmisch.

Maria schob sie in die Stube. Luis stand etwas schwerfällig vom Sofa auf und kam ihr mit langsamen Schritten entgegen. Er nahm ihre beiden Hände in die seinigen. Sie waren so groß und welk wie immer, aber die Innenseite seiner Handflächen samtweich. Tausende Lachfältchen strahlten ihr aus Augen entgegen, die viel von ihrer Sehkraft eingebüßt hatten. Michaela war schockiert darüber, wie alt der Mann geworden war, wie fragil. Stumm vor Staunen ließ sie sich von Zimmer zu Zimmer führen. Die Räume schienen so viel kleiner zu sein, als sie diese in Erinnerung hatte. Vieles hatte sich verändert, Alfons und seine eigene kleine Familie bewohnten inzwischen das oberste Stockwerk. Trotzdem war es immer noch ihr Zuhause. Der Ort, an dem sie aufgewachsen war. Ihre Heimat. Fotos hingen an den Wänden. Manche Gesichter waren ihr vertraut, andere hatte sie noch nie gesehen. Die Kinder, mit denen sie aufgewachsen war, wohnten nicht mehr hier. Andere hatten ihren Platz eingenommen.

Irgendwann fand sich Michaela in der Küche wieder. Es war ihr so vertraut, Mamme bei der Zubereitung der Speisen zuzusehen. Als es Zeit fürs Mittagessen war, kamen zwei Kinder, ein Junge und ein Mädchen, wie der Wirbelwind zur Türe hereingefegt. Sie musterten Michaela neugierig. Sie wurden einander vorgestellt, Michaela stellte die richtigen Fragen und die Kinder antworteten höflich. Sie kämpfte erfolglos gegen eine Welle von Wehmut und Eifersucht an. Luis setzte sich an den Esstisch und ergriff wieder Michaelas Hand. Sie erwiderte den Händedruck dankbar. Plötzlich erschien ein verschlafenes und doch sehr vertrautes Gesicht in der Küchentür. Auch Andrea begrüßte sie mit lautem Hallo. Das Gespräch beim Essen verlief angenehm. Andrea erzählte von ihrer Arbeit – sie war Krankenschwester. So gierig, wie Michaela das köstliche Essen hinunterschlang, so begierig war sie darauf, Neuigkeiten von ihren Pflegegeschwistern zu hören. Maria und Andrea erzählten bereitwillig. Michaela saugte jede Information auf, über Gerda, Alfons und Stefan, über Maja und Werner und besonders über Ursula, Edith und Hannes.

Michaela selbst redete so wenig wie möglich. Nur dass es allen gut ging, sagte sie. Sie sprach über die Schule, die Fächer, die sie mochte, ein wenig über ihre Freundinnen. Das, was wirklich in ihr brannte, die Fragen, die sie stellen wollte, kamen ihr nicht über die Lippen. Was ist damals geschehen? Warum wurden Paul und ich zu euch geschickt? Was war mit Sonja? Was war mit unserer Mutter? Und wer ist mein Vater? Wo kann ich ihn finden? Nein, diese Fragen blieben unausgesprochen, versteckten sich unter einer Schicht der Behaglichkeit – denn behaglich war es hier. Ja, Michaela fühlte sich wohl. Auch wenn ihr vieles wieder fremd und manches neu war, so wusste sie, dass sie hierhergehörte. Die einzige Frage, die sie also am Ende dieses Tages wirklich von Herzen gern gestellt hätte, war: Kann ich bitte hierbleiben?

Aber weil sie sich vor der Antwort fürchtete, blieb sie stumm.

Neunundzwanzig

Die Nacht war schon angebrochen, als Michaela nach Hause kam. Das Herz pochte beinahe schmerzhaft in ihrem Brustkorb. Sie fürchtete sich, aber die Angst war nur noch ein kleiner Teil von den Emotionen, die in ihr brodelten. Sie hatte einen Entschluss gefasst. Wenn sie schon arbeiten musste, dann würde sie so viel wie möglich von dem Geld für sich selbst abzweigen. Dieses Mal würde sie es schlauer anstellen. Sobald sie nur genug Geld beisammenhatte, würde sie abhauen. Weggehen, irgendwohin, egal wohin. Irgendwie würde es ihr schon gelingen, sich durchzuschlagen. Vielleicht konnte sie wirklich herausfinden, wer ihr Vater war ... sie könnte ihn besuchen ... vielleicht bei ihm bleiben ...

Kaum hatte sie den Schlüssel im Schloss gedreht, da wurde die Tür weit aufgerissen. Ehe sie wusste, wie ihr geschah, packte sie jemand an den Haaren, zerrte sie in die Wohnung und begann, auf sie einzuprügeln. Diese Reaktion kam für Michaela gar nicht so unerwartet. Trotzdem war sie schockiert. Sie duckte sich, hob schützend die Hände vors Gesicht, erstarrte in einer halb kauernden Position. Denn die Person, die auf sie einschlug, war nicht ihre Mutter, wie sie zunächst geglaubt hatte, sondern Karl. Allerdings war dieser Mensch nicht der umgängliche, freundliche Karl, den sie kannte. Nein, dieser Mann war jemand ganz anderes. Er war ein Tier.

„Wo warst du, zum Teufel? Wo hast du dich herumgetrieben? Was fällt dir ein, deine Mutter war außer sich vor Sorge“, brüllte er zwischen den Schlägen.

Ein besonders heftiger Schlag ließ Michaela zu Boden gehen. Augenblicklich wich das Entsetzen anderen Gefühlen, schlimmeren, Schmerz und Angst. Panischer Angst. Über ihr stand ein Dämon der Vergangenheit. Ein Dämon, der sie immer wieder in ihren Träumen heimsuchte. Sein Bild verschwamm vor ihren Augen und ein anderes trat an seine Stelle.

Auch die flehende Stimme der Mutter war ein passendes Teil in diesem Puzzle. „Hör auf, hör bitte auf.“

Plötzlich war Paul da. Auch sein Gesicht war vor Wut, Angst oder Scham, oder allem zusammen, fast bis zur Unkenntlichkeit verzerrt. Er riss Karl von Michaela weg und stieß ihn an die Wand. Irgendwo hinter den beiden heulte Sonja. Michaela starrte die beiden Männer an. Keine Dämonen mehr. Nur der junge, leichenblasse und in seinem Zorn wunderschöne Paul und gegenüber der verwirrt dreinschauende Karl. Beide dünsteten den Gestank von zu viel Alkohol aus. Einen Augenblick lang sah es so aus, als würden die beiden aufeinander losgehen.

Die Mutter warf sich zwischen die Männer. „Nicht Paul, nein.“

Der junge Mann machte einen Schritt zurück. Beinahe wäre er über Michaela gestolpert, die immer noch auf dem Boden lag. Vorsichtig rappelte sie sich hoch. Verstört sah sie von ihrem Bruder zu Karl. Paul, immer noch vor Wut bebend, fixierte den Mann. In einer hilflosen Drohgebärde hob er beide Fäuste gegen Karl.

„Fass sie nie wieder an. Nie wieder“, knurrte er. Auf einmal wandte er sich an die Mutter, brüllte so laut, dass Michaela sich reflexartig die Hände über die Ohren legte: „Ich mache das nicht noch einmal mit, hörst du!“

Sein Tonfall duldete keinen Widerspruch. Karl und die Mutter wandten den Blick ab.

Michaela humpelte an ihnen vorbei in ihr Zimmer. Zitternd verkroch sie sich unter der Decke. Ein kleiner Teil ihres Verstands bemerkte nüchtern, beinahe amüsiert, dass sie in den ganzen letzten Jahren nicht – eigentlich noch nie – so viel Prügel eingesteckt hatte wie in diesen letzten beiden Tagen. Oder?

Es war Paul, der irgendwann zu ihr kam. Michaela hob die Bettdecke. Er legte sich neben sie, kuschelte sich an sie, wie sie es als Kinder oft getan hatten. Ihr Bruder stank nach Alkohol und aggressivem Schweiß. Aber Michaela machte das nichts aus. Sie umarmte ihn fest.

„Starke Leistung, Kleine, echt“, gluckste er. Er klang beinahe zufrieden.

„Tut mir leid wegen dem Schlüssel …“

Paul zuckte mit den Schultern. „Kein Problem. Ich hätte es auch nicht anders gemacht. Außerdem bin ich eh erst aufgewacht, als alle hier und in heller Aufregung waren. Wo warst du überhaupt?"

„Daheim", flüsterte Michaela.

Paul wurde ganz ruhig. „Wie geht es ihnen?", fragte er nach einer Weile.

„Sie sind alt geworden, Paul. Tatte vor allem."

„Tatte, alt? Das kann ich mir gar nicht vorstellen. Er wirkte immer so … unzerstörbar."

Michaela spürte, wie eine Welle der Erleichterung sie überschwemmte. Auch Paul erinnerte sich also.

Sonja betrat das Zimmer und wirkte verlegen, als sie die beiden so daliegen sah. Sie räusperte sich, machte Anstalten, wieder nach draußen zu gehen.

„Schon gut, bleib da, Sonja." Paul erhob sich schwungvoll.

Michaela wünschte, er wäre noch länger bei ihr geblieben. Außerdem wollte sie ihn fragen, was er mit seinen Worten gemeint hatte.

Doch er zerzauste Sonja die Haare und knuffte sie in die Seite, bis sie lachte. Dann wandte er sich noch einmal augenzwinkernd an Michaela. „Mach dir keine Sorgen wegen der Schule. Geh einfach weiter hin. Ich glaube, diese Szene heute reicht auch den beiden. Lass nur die Faxen für die nächste Zeit sein, ja?"

Michaela nickte folgsam und rollte sich unter der Bettdecke zu einer Kugel zusammen. Eigentlich sollte sie zufrieden sein. Alles würde so sein wie vorher. Vielleicht lag es genau daran. Sie hatte stark sein wollen, rebellisch. Nein, Michaela konnte und wollte nicht gegen die Enttäuschung ankämpfen, die an ihr nagte. Wie ein unerwünschter Blutegel hatte sich eine unbestimmte Sehnsucht sich an ihr festgesaugt.

In der Nacht schlich sich das Bild eines Mannes in ihre Träume. In den kommenden Jahren würde sie immer wieder von ihm träumen. Davon, wie er sie einfach mitnahm, an einen besseren Ort brachte – sie rettete. Sie konnte sein Antlitz nie richtig erkennen, aber sie wusste, es war ihr Vater.

TEIL VIER

1990
Eine Welt gerät ins Wanken

Dreißig

Die jungen Frauen schlenderten kichernd über die Promenade. In ihren figurbetonten Jeans und den ärmellosen, tief ausgeschnittenen Oberteilen zogen sie die Blicke der Männer auf sich. Manche pfiffen, andere riefen ihnen anzügliche Bemerkungen hinterher.

Die Hitze des Tages hatte einer lauen Spätsommernacht Platz gemacht. Entlang der Passer wehte ein angenehmer Wind, der die Gemüter abkühlte und den Blick auf den sternenklaren Himmel lenkte. Das Gelächter der jungen Frauen und ihr Duft erfüllten die Luft. Ein paar junge Männer in Uniform gesellten sich zu ihnen. Männer mit dichten schwarzen Locken, dunkelbraun funkelnden Augen und samtweichen Versprechungen auf den vollen Lippen. Küsschen wurden ausgetauscht. Beieinander untergehakt ging man weiter, zog von Lokal zu Lokal. Nichts Neues für diese jungen Frauen, die kaum mehr als Mädchen waren und doch schon diesen wissenden Blick hatten.

Michaela lachte und scherzte mit ihren Freundinnen. Sie unterhielt sich mit den jungen Männern, wenn sie angesprochen wurde. Ansonsten blieb sie – wie immer – zurückhaltend.

Die Mitgliederzahl und Zusammensetzung ihrer Mädchenclique änderte sich ständig. Neben Michaela war da natürlich noch die kokette Melanie, der es so leichtfiel, die jungen Männer um den Finger zu wickeln. Sara hingegen war das genaue Gegenteil von Melanie. Mit ihrem kurzen Haar und etwas burschikosen Auftreten, ihrer lauten Stimme und den derben Sprüchen konnte sie ziemlich einschüchternd wirken, war aber ein herzensguter Mensch. Auch Anna gesellte sich hin und wieder gerne zur Gruppe. Doch ehrgeizig, wie sie immer schon gewesen war, widmete sie sich meistens lieber dem Lehrstoff. Andere Schulkameradinnen waren ab und zu dabei, keine davon nennenswert.

Im Vorjahr hatten Heike und Magda Melanie und Michaela bei der Italienischlehrerin angeschwärzt, weil sie manchmal schwänzten. Seither zeigte ihnen Melanie knallhart die kalte

Schulter. Das hatte Konsequenzen für Heike und Magda. Jetzt waren sie diejenigen, mit denen sich niemand abgeben wollte. Anfangs war Michaela wütend gewesen und hatte ihnen ihre Außenseiterrolle gegönnt, aber inzwischen taten sie ihr ein bisschen leid. Michaela konnte sich nur zu gut daran erinnern, wie es sich anfühlte, von allen missachtet zu werden.

Aber sie verschwendete nicht viele Gedanken an die anderen Mädchen. Nein, Michaelas Gedanken kreisten die meiste Zeit um Melanie. Melanie, ihre beste Freundin, ihr Rettungsanker, ihr Fels in der Brandung. Melanie, die immer gut roch und deren Haut samtweich war. Noch dazu war sie freundlich und selbstbewusst. Michaela kam es immer noch wie ein Wunder vor, mit einem Mädchen wie ihr befreundet zu sein. Ohne sie hätte Michaela die letzten Jahre nicht überstanden.

Jetzt saß sie da und beobachtete, wie Melanie eng umschlungen mit ihrer neuesten Eroberung tanzte. Nur sich selbst gestand sie die Eifersucht ein, die sie empfand. Wie gerne wäre sie selbst an der Stelle dieses Mannes gewesen ...

Ein junger Mann setzte sich zu Michaela. Sie ließ sich widerwillig von ihm in ein Gespräch verwickeln. Er schien ihr Desinteresse allerdings nicht zu bemerken. Unverfroren legte er der hübschen Frau den Arm um die Schultern. Michaela duldete den Annäherungsversuch, weil dieses Balzritual nun einmal dazugehörte, wenn man in ihrem Alter war. Zudem wollte sie um keinen Preis auffallen. Als er jedoch frech wurde und er versuchte, Michaela näher an sich zu ziehen und sie sogar zu küssen, schubste sie den Kerl entschieden von sich und stand abrupt auf. Ihre Freundinnen applaudierten lachend.

„Michi hat eben ihre Prinzipien“, pflegte Melanie augenzwinkernd zu sagen.

Wenn sie nur wüsste. Im Laufe des zweiten Schuljahres hatte sich das Verhalten von Michaelas Freundinnen auf eigenartige Weise geändert. Plötzlich drehten sich die Gespräche ausschließlich um das männliche Geschlecht, darum wie toll und süß und aufregend die Jungs doch waren. Michaela, von diesem für sie unverständlichen Interesse überrumpelt, doch immer noch vom unbedingten Willen angetrieben, dazuzugehören, machte einfach mit. Dabei interessierte sie kein einziger dieser Jungen. Zu allem Überfluss schien sie mit ihrer unbeholfenen Art genau jene großspurigen, breitschultrigen Jungen anzuziehen, vor denen sie sich am meisten fürchtete. Es war, als fühlten sich diese Kerle von Michaelas Unnahbarkeit geradezu angespornt. Michaela spielte das Spiel eben mit, um nicht aufzufallen. Aber sie setzte ihm Grenzen. Ein paar Küsse und flüchtiges Fummeln, mehr ließ sie nicht zu. Sie war schließlich auch neugierig darauf, herauszufinden, was am anderen Geschlecht so betörend sein sollte. Doch irgendwie schien sie gegen diesen Einfluss immun zu sein. Diese Feststellung war für Michaela nicht wenig verstörend – schon wieder gab es einen Bereich in ihrem Leben, in dem sie anders war als die anderen. Sie wagte nicht, mit irgendjemandem darüber zu reden, nicht einmal mit Melanie.

Stattdessen hörte sie ihren Freundinnen geduldig zu, wenn sie von ihren Angebeteten schwärmten, vor Liebeskummer seufzten – und tat verständnisvoll. Sogar in ihrer kleinen Schwester erwachten mit einem Mal diese verwirrenden Gefühle. Wenn Michaela und Sonja heimlich in Mädchenzeitschriften blätterten – die sie danach selbstverständlich sofort verschwinden ließen –, konnte Michaela nur verwundert den Kopf schütteln, während Sonja immer wieder ein begeistertes Quietschen über die hübschen Jungen ausstieß, die dort abgebildet waren.

Irgendwann beschloss Michaela, dass sie etwas an ihrem Verdruss ändern musste. Sie ließ sich von Melanie mit einem schmächtigen, aber gut aussehenden und freundlichen Jungen verkuppeln. Trotzdem, was auch immer Michaela versuchte, und das war so einiges, das Ergebnis blieb dasselbe. Die junge Frau war furchtbar enttäuscht. Immer wieder fragte sie sich, was mit ihr wohl nicht stimmte. Nach ein paar erfolglosen Wochen trennte sie sich von dem netten jungen Kerl.

Melanie interpretierte die Angelegenheit auf ihre eigene Art. „Unsere Michi ist nun einmal eine Romantikerin“, neckte sie und umarmte die Freundin fest. „Sie wartet auf die große Liebe."

Michaela war nicht in der Lage, zu antworten. Zu sehr verursachten ihr Melanies Berührung, ihr duftendes Haar, ihre zarte Haut ein Kribbeln im Bauch, welches ihr die Hitze in die Wangen trieb.

Eines Tages stöberte Michaela in einer von Sonjas Mädchenzeitschriften. Normalerweise interessierten diese sie nicht besonders, aber sie langweilte sich gerade. Dabei stieß sie auf einen Artikel. Wie ein frisch geschlüpfter Schmetterling flatterte ihr das Wort entgegen: lesbisch. Neu und noch etwas holprig fühlte es sich auf ihren Lippen an, wenn sie das Wort vor sich hin flüsterte. Sie riss die Seite aus der Zeitschrift, bevor ihre Schwester sie entsorgte, und bewahrte diese sorgfältig gefaltet zwischen ihren Schulbüchern auf. Immer wieder las sie diese Zeilen, suchte sogar heimlich in der Bibliothek danach. Dieser eine Artikel stellte ihr Leben auf den Kopf, erfüllte die junge Frau mit widersprüchlichen Gefühlen. Einerseits war es eine Erleichterung, endlich zu wissen, zu verstehen, zu ahnen, dass es da noch andere Mädchen gab, die so fühlten und dachten wie sie. Aber das Wort bedeutete auch eine Bürde. Ein Brandmal auf ihrer vernarbten Haut. Es war eine Schublade, in die man gesteckt wurde. Es bedeutete Fesseln, wo sie sich doch nach Freiheit sehnte.

Einunddreißig

Wie ein schwarzer Mantel bedeckte die Nacht die Stadt. Einige der Straßenlaternen in Michaelas Viertel funktionierten schon seit einer Weile nicht mehr. Doch inzwischen kannte sie den Weg blind. Pauls alte Vespa ratterte verlässlich. Michaela parkte das Fahrzeug vor dem Haus.

Im Sommer des Vorjahres war ihr alter Drahtesel eines Tages einfach unter ihr zusammengebrochen – sehr zur Schadenfreude ihrer Freundinnen, die direkt danebenstanden. Michaela lachte ebenfalls, denn sie war über den Verlust nicht traurig. Endlich bot sich die Gelegenheit, sich Pauls Vespa unter den Nagel zu reißen. Die Mutter sträubte sich anfangs vehement, bis schließlich Karl ein Machtwort sprach.

Das Verhältnis zwischen ihrem Stiefvater und Michaela hatte sich seit seiner Prügelattacke sehr verändert. Anfangs schlich er um sie herum, als wäre sie ein rohes Ei. Ihre Anwesenheit schien ihm unangenehm, beinahe peinlich zu sein. Als wäre sie ein Spiegel des Dämons, der in ihm schlummerte. Michaela ihrerseits war viel zu sehr damit beschäftigt, die Scherben ihres Lebens zu kitten. Sie besaß nicht die Kraft und die Ausdauer, länger wütend auf ihn, oder auf die Mutter, zu sein. So hatte sich im Laufe der Zeit ein fragiler Frieden zwischen ihnen allen entwickelt. Man behandelte einander mit ausgesuchter Höflichkeit.

Jedenfalls verkündete Karl mit knappen Worten, dass Michaela unbedingt einen fahrbaren Untersatz brauche. Schließlich sei sie alt genug, um in den Sommerferien, womöglich auch an den Wochenenden, zu arbeiten. Die Mutter war empört. Michaela war entzückt. Sie lag ihrem Bruder so lange in den Ohren, bis auch dieser sich erweichen ließ und sich für sie einsetzte – und die Mutter gab nach.

Ein paar Wochen lang hatte Michaela in dem Geschäft, in dem Karl als Verkäufer arbeitete, ausgeholfen. Aber Michaela ständig um sich zu haben, war für Karl wohl ebenso anstrengend wie für sie selbst. Stattdessen fragte er ein wenig in seinem Bekanntenkreis herum, und schnell war für Michaela eine Stelle als Kindermädchen gefunden. Die beiden Jungen waren furchtbar ungezogen, der Haushalt unübersichtlich, die Bezahlung lächerlich – trotzdem war Michaela glücklich. Jede Stunde, die sie aus der mütterlichen Wohnung fliehen konnte, war ein Geschenk. Ihre Arbeitgeber, anscheinend mit der Aufzucht ihrer Kinder selbst überfordert, waren froh, dass ihnen nicht schon wieder das nächste Kindermädchen davonlief, und ließen Michaela weitgehend freie Hand. So konnte sie sich während der Arbeitszeit sogar manchmal mit ihren Freundinnen treffen. Den Jungs machte es nichts aus, solange sie sich die Bäuche mit Eis vollschlagen konnten und von den hübschen, jungen Frauen verwöhnt wurden. Das Geld musste Michaela natürlich zu Hause abgeben. Doch ihre Arbeitgeberin drückte ihr dann und wann zusätzlich tausend Lire in die Hand. Das Mädchen war schlau genug, dieses Taschengeld zu behalten.

Inzwischen waren die Buben jedoch alt genug, um die Sommerferien bei ihren Verwandten in Süditalien zu verbringen. Die Mutter der Jungen, die mit der fleißigen und zuverlässigen Angestellten sehr zufrieden gewesen war, legte für sie ein gutes Wort bei einem Freund ein, der eine beliebte Pizzeria in der Stadtmitte betrieb. Als Michaela sich mit dem Mann zu einem Vorstellungsgespräch traf, erschrak sie. Alles an ihm war einschüchternd: Hans Kofler war beinahe zwei Meter groß, trug einen gewaltigen Bauch vor sich her, seine Schultern, Arme und Hände waren enorm. Noch schlimmer waren seine herablassenden Augen, die in einem erstaunlich klaren Blau zwischen dem buschigen Vollbart und den monströsen Augenbrauen hervorblitzten. Mit verschränkten Armen und mürrisch geschürzten Lippen musterte er das schmächtige Mädchen von oben bis unten.

„Ich gebe dir einen Abend. Bist du schnell und fleißig genug, kriegst du die Stelle", knurrte er.

Ihm war deutlich anzusehen, dass er nicht glaubte, dass Michaela das schaffen würde. Irgendetwas an diesem furchterregenden Mann weckte den Ehrgeiz in ihr. Sie biss die Zähne zusammen, stapelte Teller und Gläser, sauste emsig wie ein Bienchen durch den vollen Speisesaal und war so freundlich wie noch nie.

Von da an arbeitete sie jedes Wochenende und, wenn es besonders viel zu tun gab, auch an den anderen Wochentagen abends in der Pizzeria. Anfangs bekam sie Blasen an den Füßen und die Arme taten ihr so weh, dass sie glaubte, sie müssten ihr abbrechen wie morsche Zweige. Doch sie lebte sich schnell ein, freundete sich mit den Kolleginnen an und gewöhnte sich an Herrn Koflers Schimpfen und die misstrauischen Blicke seiner Frau hinter der Theke. Außerdem war die Bezahlung nicht schlecht, sogar das Trinkgeld wurde fair unter den Kolleginnen geteilt.

Michaela schloss leise die Haustür hinter sich ab. Im Flur war es sehr dunkel. Nur aus einem Spalt unter der Badezimmertür drang Licht hervor. Sie schlüpfte aus den Schuhen, stellte sie ins Regal, legte den Schlüsselbund in die Schublade des Garderobenschranks und blieb mit lauschend zur Seite geneigtem Kopf stehen. Der Fernseher im Wohnzimmer war ausgeschaltet. Karl war wohl ausnahmsweise früh ins Bett gegangen. Auch Sonja schlief bestimmt bereits. Michaela wollte sich auf Zehenspitzen in ihr Zimmer schleichen, wurde jedoch vom Rauschen der Toilettenspülung und dem Gluckern des Wasserhahns im Badezimmer unterbrochen. Die Mutter kam heraus. Beim Anblick ihrer Tochter verharrte sie regungslos unter dem Türrahmen, eine Hand lag auf dem Lichtschalter. Die Frauen sahen sich schweigend an. Michaela murmelte einen Gruß. Die Mutter warf einen Blick auf ihre Armbanduhr, strafte Michaela mit einem abfälligen Blick, verschwand wortlos im Schlafzimmer.

All die Euphorie, die Michaela noch vor ein paar Minuten beflügelt hatte, verpuffte; hinterließ ein fades Nichts mit einem schalen Beigeschmack der Enttäuschung.

Alles nur wegen Paul.

Noch vor nicht allzu langer Zeit war jede Kleinigkeit ein Sieg über die Mutter gewesen. Jedem Wutausbruch konnte Michaela mit einem herablassenden Lächeln begegnen: Siehst du, wieder einmal habe ich dich dazu gebracht, die Fassung zu verlieren. Anfangs waren es noch heimliche Triumphe. Lügen, Versteckspiele, die ihre Mutter ahnte, ihr aber nicht nachweisen konnte. Schwänzen, solange die Noten nicht darunter litten, kleinere Diebstähle: mal fünfhundert, mal tausend Lire aus der Geldbörse gefischt.

Wann hatte Michaela die Furcht verloren? Das musste damals gewesen sein, als Heike sie wegen des Schwänzens verpetzte. Natürlich rief die Lehrerin bei den Eltern an. Der darauffolgende Streit war grauenhaft. Die Mutter tobte und drohte wie niemals zuvor. Inmitten dieser furchtbaren Szene war Michaela aber mit einem Mal, wie aus dem Nichts, bewusst geworden, dass die Drohungen der Mutter nichts bedeuteten. Woher diese Erkenntnis kam, konnte sie im Nachhinein nicht mehr sagen.

„Na gut, dann gehe ich eben“, sagte sie ganz ruhig.

Die Mutter starrte sie mit offenem Mund an, die Worte blieben ihr wie abgewürgt im Halse stecken. In diesem Moment erkannte Michaela, wie viel Macht sie über diese Frau, vor der sie sich so lange gefürchtet hatte, in Wirklichkeit besaß. Denn so verworren Angelikas Gefühle für ihre Tochter auch sein mochten: Ihre größte Angst war, sie zu verlieren.

Aber auch das Wissen um diese Macht war eine Bürde.

Irgendwie fand Michaela immer einen Weg, den Druck loszuwerden, wenn die Belastung kaum mehr zu ertragen war. Jedes Kilo, das sie sich abrang, jede frische Narbe, die sie sich zufügte, waren Zeugen davon. Schlussendlich, fand Michaela, war Sonja diejenige, die von der beinahe unerträglichen Situation zwischen der Mutter und Michaela am meisten profitierte. Anfangs noch bemüht, zu vermitteln, war Sonja schnell frustriert. Da sie nur die Wahl hatte, sich komplett zurückzuziehen oder auszubrechen, entschied sie sich für Letzteres. Wie Michaela drang sie nach draußen in die Welt, allerdings ohne die Hürden, die der Älteren in den Weg gestellt wurden. Trotzdem, Michaela gönnte ihrer Schwester diese Freiheiten. Sie war ein lieber, großzügiger Mensch, und manchmal bedauerte Michaela die Abgründe, die sie von der

Jüngeren trennten und den beiden einen wahrhaft innigen Kontakt verwehrten.

Paul war im letzten Herbst ausgezogen. Die Mutter hatte geweint und gefleht, aber ihr Sohn blieb stur. Er wollte keinen Augenblick länger mit Karl unter einem Dach leben, sagte er, auch wenn er den Mann nicht beim Namen nannte, sondern weit unflätigere Worte benutzte, bei denen die Mutter zusammenzuckte und feuerrot wurde.

Zuerst kam der junge Mann bei einem Freund unter, dann fand er eine kleine Wohnung in Marling. Mit seinem Auszug erlosch irgendetwas in seiner Mutter. Bis auf ein kurzes Aufzucken kritischer Kommentare in Richtung ihrer älteren Tochter hie und da, machte sie sich nicht mehr die Mühe, sich über Michaela und ihr Verhalten aufzuregen. Es hatte den Anschein, als wäre das Mädchen ihr gleichgültig geworden.

So erleichtert Michaela auch war, nicht mehr ständig im Mittelpunkt der Aufmerksamkeit zu stehen, so verblüfft war sie darüber, wie sehr es schmerzte, gar nicht mehr beachtet zu werden. Auch sie war traurig über Pauls Auszug. Obwohl sich ihre Wege nicht so oft kreuzten, wie sie es sich gewünscht hätte, gab ihr schon das bloße Wissen um sein Dasein ein Gefühl der Sicherheit. So schämte sie sich fast zuzugeben, dass sich mit seinem Auszug die Situation in der Wohnung gebessert hatte. Alles war ruhiger, ausgeglichener. Es gab keine Streitereien mehr. Als ahnte die Mutter etwas von Michaelas blasphemischen Gedanken, warf sie ihr immer wieder schiefe Blicke zu. So, als wäre ihre Tochter schuld an Pauls Auszug.

Michaela kannte diesen Blick bereits. Es war derselbe, mit dem Paul sie so oft angesehen hatte, als sie noch Kinder waren.

Zweiunddreißig

In Pauls Wohnung stank es. Zigarettenrauch, Marihuanaqualm und der Geruch ungewaschener Socken lungerten in jeder Ecke. Aus dem Fernsehapparat drang laute Musik. Er hauste in einer bescheidenen, geradezu winzigen Wohnung, war aber wahnsinnig stolz auf sein eigenes kleines Reich.

Michaela besuchte ihn gerne. Sie bahnte sich einen Weg durch das Chaos. Kleidungsstücke lagen auf dem Boden verstreut, dazwischen türmten sich zerfledderte Zeitungen, schmutzige Gläser, leere Bierflaschen und Mülltüten. Im Waschbecken in der Kochnische stapelte sich das Geschirr. Vor dem einzigen Fenster welkte auf dem Fensterbrett eine Hanfpflanze vor sich hin. Judith kauerte im Schneidersitz in der Couchecke und kaute mit abwesender Miene an ihren Fingern herum. Michaela zuckte jedes Mal zusammen, wenn sie das sah. Judith hatte kaum mehr Nägel an ihren Fingern. Die entzündete Fleischmasse an ihren Händen war abscheulich und mitleiderregend. Paul lag neben seiner Freundin auf der Couch, den Kopf in Judiths Schoß gebettet. Die beiden bemerkten Michaelas Anwesenheit erst, als sie die beiden laut begrüßte. Wie in Zeitlupe setzte ihr Bruder sich auf. Judith nickte nur in ihre Richtung, ohne Michaela anzusehen. Ihr Blick blieb starr auf den Fernseher geheftet.

„Ich habe geläutet, aber ihr habt es wohl nicht gehört."

Michaela hielt den Schlüssel noch immer in der Hand. Es fühlte sich nicht richtig an, einfach so in Pauls Wohnung einzudringen. Aber ihm machte es nie etwas aus, er schien sich jedes Mal zu freuen, seine Schwester zu sehen.

Er lächelte Michaela an, seine Miene wirkte entrückt. „Dann ist ja gut, dass du den Schlüssel hast. Wie schön, dass du hier bist."

Irgendetwas an Pauls Worten musste furchtbar komisch sein, denn Judith kicherte laut und schrill. Dieser lächelte seine Freundin nachsichtig an, bevor auch er sich wieder in das Fernsehprogramm vertiefte, als hätte er seine Schwester bereits vergessen.

Michaela blieb noch einen Moment lang unschlüssig stehen. Sie wusste schon lange, dass er zu viel trank und kiffte. Doch seit einer Weile, insbesondere seit er mit Judith zusammen war, hegte sie den Verdacht, dass Paul inzwischen viel härtere Drogen konsumierte. Manchmal hätte sie gerne mit ihm darüber geredet. Sie wollte ihn am liebsten an den Schultern packen, schütteln, fragen, was er sich dabei dachte. Aber die Worte, die in ihren Gedanken klare Aussagen bildeten, versagten ihr den Dienst, sobald sie den Mund öffnete. Sie wusste einfach nicht, was und wie sie es sagen sollte. Außerdem versetzte sie der bloße Gedanke an eine solche Auseinandersetzung mit ihrem Bruder, dem einzigen Fixpunkt, den sie in ihrer Familie hatte, in Panik. Was, wenn er danach nichts mehr von ihr wissen wollte? Was, wenn das, was er zu sagen hatte, mehr war, als sie verkraften konnte? Für Michaela war es unmöglich, sich zusätzlich zu all den Schwierigkeiten, mit denen sie im Alltag zu kämpfen hatte, auch noch die Probleme ihres Bruders aufzuladen.

Seufzend hängte Michaela ihre vom Nieselregen feuchte Jacke über eine Stuhllehne. Die wahllos um den kleinen schmutzigen Tisch arrangierten Stühle passten weder zueinander noch zum Tisch. Michaela betrat den kleinen Raum, in dem ihr Bruder schlief. Mehr als ein Bett, ein Nachttisch und ein schmaler, windschiefer Schrank fanden darin nicht Platz. Sie achtete nicht auf das Chaos, das auch hier herrschte. Der Kleiderschrank war mit allen möglichen Dingen vollgestopft. Michaela rüttelte und zog an der untersten Schublade, die wie immer klemmte. Darin lagen die einzigen beiden guten Hemden, die Paul besaß. Unter diesen so gut wie niemals getragenen Kleidungsstücken lag ein schnörkelloser Stoffbeutel. Michaela öffnete den Gummizug und fischte nach der alten Geldbörse, die sie auf einem Flohmarkt gekauft hatte. Zufrieden ließ sie ihre Fingerspitzen über die Geldscheine gleiten, die sich darin befanden, bevor sie das Trinkgeld dieser Woche hinzufügte. Noch einmal würde sie nicht den Fehler machen, ihre Schätze in der Wohnung der Mutter aufzubewahren – auch wenn sie inzwischen bezweifelte, dass Angelika sich noch einmal die Mühe machen würde, danach zu suchen. Zu wenig interessierte sie sich augenscheinlich inzwischen für ihre Tochter.

Auch andere Utensilien befanden sich in dem Beutel. Dinge, die Michaela die Röte in die Wangen trieb, wenn sie mit einer Mischung aus Scham, Trotz und Genugtuung an sie dachte: Kosmetika, Modeschmuck, Bonbons, Schokoriegel – Kleinigkeiten eben, die sie ab und zu aus den Geschäften mitgehen ließ. Auf dem Boden des Beutels klimperten ein paar Münzen. Diese hatte Michaela heimlich aus Karls und Angelikas Geldbörsen gefischt. Sie hätte nicht sagen können, warum sie es tat. Sie wusste, dass es nicht richtig war, und meistens schämte sie sich dafür. Lag es am Reiz des Verbotenen? Am unbewussten Wunsch, entdeckt zu werden? War es Wut, die sie antrieb, oder eine schräge Form der Arroganz? Michaela scheuchte die Gedanken davon. Auch das war ein Thema, mit dem sie sich lieber nicht befasste. Schnell schloss sie die Schublade und warf die Schranktür zu. Eilig trat sie zwei Schritte zurück, musterte den Kasten misstrauisch. Sie befürchtete jedes Mal, das wackelige Ding würde irgendwann über ihr zusammenbrechen.

Wieder im Wohnzimmer, bemerkte sie, dass Judith sie mit ausdrucksloser Miene musterte. Michaela zog die Schultern hoch. Sie wandte sich dem Käfig zu, der unter dem Fensterbrett stand. Die beiden Ratten kamen sofort aus ihrem Nest und streckten ihre kleinen Schnauzen zwischen den Gitterstäben hervor. Michaela nahm die beiden aus dem Käfig, ließ sie auf sich herumklettern, während sie den Käfig reinigte, Wasser und Futter auffüllte. Zum Glück hatte sie daran gedacht, für die beiden etwas zum Knabbern mitzubringen. Sie taten Michaela leid. So begeistert er anfangs noch von den Tierchen gewesen war, in letzter Zeit war Paul sehr nachlässig geworden.

Immer wieder schielte sie zu Judith hinüber. Diese junge Frau war ihr nicht geheuer. Sie hatte etwas Verwahrlostes an sich. Ihr Haar war fettig, die Haut fleckig, dunkle Schatten lagen unter ihren Augen. Michaela verstand wirklich nicht, was Paul an ihr fand. Seit er mit Judith zusammen war, ließ er sich gehen. Schon wieder hatte er die Arbeit verloren – die Ausreden gingen ihm aber auch nie aus. Manchmal begegnete Michaela ihm nachts in der Stadt. Meistens war er dann auf dem Weg in eines dieser zwielichtigen Lokale, vor denen Michaela sich fürchtete, mit Leuten, anscheinend Freunden, die Michaela suspekt waren. Daheim ließ er sich überhaupt nur noch blicken, um die Mutter um Geld anzupumpen.

Die beiden Ratten machten es sich auf Michaelas Schultern gemütlich. Sie ging zur Kochnische und öffnete den Kühlschrank. Zwischen all den Joghurtbechern und dem Pudding fand sie noch eine Dose Cola. Paul machte ihr bereitwillig Platz auf der Couch und legte den Arm um ihre Schultern. Michaela zog den Verschluss von der Dose, die sich zischend öffnete. Sie trank einen Schluck, nahm Pauls Hand und wünschte sich im Stillen, er würde sein Leben endlich in den Griff bekommen.

Dreiunddreißig

Ende August zog plötzlich der Herbst ins Land. Mit heftigen, kalten Windböen und unangekündigten Regenschauern verjagte er den Sommer und läutete ein neues Schuljahr ein. Vielleicht war es ja das Wetter, das Michaela aufs Gemüt schlug.

Das wackelige Gerüst, aus dem ihre Welt bestand, geriet ins Wanken. Sie war ständig müde und hatte kaum noch Appetit. Diese Antriebslosigkeit hatte Auswirkungen auf ihr ganzes Leben. Oder vielleicht war sie ein Resultat ihres Lebens. Michaela wusste es nicht, es war ihr auch egal. Sie hatte Mühe, sich von einem Tag zum nächsten zu hangeln. Ihr fehlte die Kraft für sinnlose Fragen und Grübeleien.

Bei der Arbeit passierten ihr die dümmsten Fehler. Sie wurde ständig angeschnauzt. Ein junger Mann namens Fabrizio, der sich einfach nicht abwimmeln lassen wollte, tauchte immer wieder vor oder auch in der Pizzeria auf. Er verstärkte Michaelas Nervosität, die nicht wusste, wie sie mit seinen immer lästiger werdenden Anzüglichkeiten zurechtkommen sollte. Der Lehrstoff, der ihr bisher leichtgefallen war, schien mit einem Mal kaum zu bewältigen. Ihre Noten verschlechterten sich. Das neue Fach, Rechtskunde, bereitete ihr unerwartete Schwierigkeiten. Vielleicht lag es auch an der Lehrerin, die sie von der ersten Minute an nicht mochte.

Dann war da diese eigenartige Stimmung daheim, der labile Frieden zwischen ihr und der Mutter, der Mutter und Karl, Michaela und Karl und, nicht zu vergessen, Sonja. Sonja, die immer aufsässiger wurde, immer öfter einfach das tat, was sie wollte. Nicht schwer zu erraten, wem die Mutter die Schuld daran gab – natürlich Michaela. Außerdem waren da die Sorgen um Paul, der ihnen allen immer weiter und immer schneller entglitt. Auch dafür fand Angelika eine Schuldige. Sie sprach diese Vorwürfe nie offen aus, sondern verpackte sie geschickt in kleinen gehässigen Worten, die nur für Michaelas Ohren bestimmt waren.

Zudem war da noch Melanie. Die junge Frau, die Michaela heimlich in ihren Träumen begehrte, nach der sie sich geradezu körperlich sehnte, auch wenn sie direkt neben ihr saß, ja, ihre beste Freundin, das Mädchen, das Michaela liebte – sie war zum ersten Mal richtig verliebt. Michaela verstand nicht, wann und wie das passiert war. Der junge Mann hieß Ulrich. Er war der Sohn eines Bekannten von Melanies Vater. Michaela fand, dass er gar nicht zu ihr passte, wagte es jedoch nicht, das laut auszusprechen. Während sie selbst den Kerl für herablassend, hochnäsig und eingebildet hielt, war Melanie hingerissen von ihrem intelligenten, selbstbewussten und witzigen Ulli. Ständig war sie mit ihm zusammen, und falls er einmal nicht in der Nähe war, so war er dennoch präsent, denn für Melanie schien es nichts Wichtigeres zu geben, als immerzu über ihn zu reden.

In Michaelas Innerstem brannte die Eifersucht, und die Furcht, wieder alleine zurückzubleiben. Sie stellte entsetzt fest, dass sie mit einem Mal so einsam war wie noch niemals zuvor.

Vierunddreißig

Die Arbeit in der Pizzeria hatte Michaela bisher immer Freude bereitet. Ihr Chef war ein Eselstreiber, der seine Mitarbeiter mit beißenden Befehlen herumkommandierte. Solange er aber seine mürrische Miene in der Küche versteckte, ließ er sich gut ignorieren. Anton Koflers große Hände wüteten mit rabiater Präzision. Er hämmerte auf den Teig ein wie ein rabiater Boxer. Wild schaufelte er im großen, blubbernden Topf und knurrte die Tomatensoße an, wenn sie es wagte, nicht so zu schmecken, wie er es ihr befahl. Kaum vorstellbar, dass der Hüne mit seinen dicken Wurstfingern dazu in der Lage war, die beste Pizza der Stadt herzustellen. Das Geschäft brummte, das Lokal war jedes Wochenende gerammelt voll, und Michaela und ihre Kolleginnen Nadia und Patrizia flitzten im Akkord zwischen der Essensausgabe, der Bar und den Tischen hin und her.

Normalerweise machte Michaela die harte Arbeit nichts aus. Sie hatte schnell gelernt, mit den heißen Tellern und vollen Tabletts mühelos zu jonglieren. An diesem Abend aber, es war der letzte Freitag im Oktober, musste sie sich eingestehen, dass sie keinen Spaß mehr an der Arbeit hatte. Jeder Griff, jeder Schritt war eine Qual. Das Wortgeplänkel mit den Gästen, die Scherze mit den Kolleginnen – alles erschien ihr anstrengend, sinnlos. Der lästige Kerl Fabrizio hatte sie schon wieder vor der Pizzeria abgepasst und versucht, sie in ein Gespräch zu verwickeln. Nur mit Mühe war sie ihn losgeworden. Ihr Kopf schmerzte von all den wirren Gedanken, die sie heimsuchten, die sie nicht mehr verdrängen konnte, die ihr schlaflose Nächte verursachten, welche wiederum zu Tagen maßloser Erschöpfung führten.

„Falscher Tisch, Michi“, zischte Patrizia ihr im Vorbeilaufen ins Ohr und riss sie damit aus ihren Gedanken.

Sie spürte, wie ihre Wangen heiß wurden, murmelte dem älteren Pärchen, dem sie gerade die Teller hingestellt hatte, eine Entschuldigung zu und eilte zum richtigen Tisch. Anton Koflers Lebensgefährtin, von den Angestellten ob ihrer Trägheit und ständigen Nörgelei nur unwillig Chefin genannt, warf

Michaela einen finsteren Blick zu, als diese das nächste Tablett am Tresen holte. Da bemerkte Michaela aus den Augenwinkeln einen Mann, der am anderen Ende der Theke auf einem der Barhocker saß und sie anstarrte. Michaela lächelte ihn höflich an. Er wich ihrem Blick rasch aus. Etwas an dem Mann ließ ihr keine Ruhe. Immer wieder sah sie heimlich zu ihm hinüber. Er beobachtete sie die ganze Zeit. Der Mann saß alleine dort, abgesondert von den anderen Männern, die an der Theke ihr Feierabendbier tranken. Er war schlank, sein dunkles Haar von grauen Strähnen durchzogen. Hätte er sie nicht ständig angesehen, wäre der Mann Michaela gar nicht aufgefallen, so unscheinbar war er. Sie war an die lüsternen Blicke und anzüglichen Bemerkungen der männlichen Gäste gewöhnt. Aber dieser Mann war anders. Er wirkte beinahe erschrocken. Ein flüchtiges Gefühl des Erkennens wollte sich in Michaela breitmachen. Aber als sie das nächste Mal wieder hinsah, war er verschwunden. Sie vergaß ihn.

Am darauffolgenden Wochenende war der Mann wieder da. Michaela wusste nicht, wann er das Lokal betreten hatte. Irgendwann saß er plötzlich da, am selben Platz wie letztes Mal. Er hatte einen Bierkrug vor sich stehen, den er jedoch kaum anrührte, und ließ die junge Frau nicht aus den Augen. Das Gefühl, ihn zu kennen, die Erinnerung einer Erinnerung, ließ Michaela nicht los. Nach einer Zeit, die ihr wie eine Ewigkeit vorkam, konnte sie endlich ein paar Sekunden erübrigen. Unter den schiefen Blicken der Chefin huschte sie an der Theke vorbei und trat auf den Mann zu, der sie mit weit aufgerissenen Augen anstarrte.

Seine Augen waren dunkelbraun.

„Hallo", lächelte sie den Mann an. „Sagen Sie, kennen wir uns irgendwoher?"

Er zuckte sichtlich zusammen. Wie versteinert verharrte er auf seinem Hocker, stierte Michaela sekundenlang an. Schließlich stammelte er eine genuschelte Begrüßung, schüttelte jedoch gleichzeitig den Kopf. Michaela verschränkte verunsichert die Arme vor der Brust. Der Mann kramte in seiner

Hosentasche, legte einen Geldschein auf die Theke, stand so ruckartig auf, dass der Hocker bedenklich wackelte und rannte beinahe an Michaela vorbei zur Tür.

„Es tut mir leid", murmelte er ihr zu.

Michaela blinzelte verwirrt. Sie sah zum Spiegel hinter der Bar. Ihre eigenen dunkelbraunen Augen erwiderten ihren Blick voller Ernst. Plötzlich begann ihr Herz zu rasen. Ihr Mund wurde trocken. Die Umgebung verschwamm ihr vor den Augen. Sie drehte sich um und rannte dem Mann nach. Er stand schon auf dem Gehsteig, als sie nach draußen stürmte.

„Tata!", rief sie atemlos.

Der Mann erstarrte mitten in der Bewegung. Langsam drehte er sich um und sah sie an. Was sie in seinem Blick las, ließ Michaela erschauern. Seine Lippen bebten, aber er sagte kein Wort. Zaghaft schüttelte er den Kopf, wandte sich um und ging mit hängenden Schultern und in den Hosentaschen vergrabenen Händen davon.

Lange Zeit stand Michaela regungslos da, sie hätte danach nicht sagen können, wie lange. Vielleicht waren es Sekunden, vielleicht Minuten.

Irgendwann tauchte Nadia an ihrer Seite auf, zupfte sie zögerlich am Ärmel. „Michi, was ist denn los? Komm rein, die Chefin ist schon kurz vor dem Ausflippen."

Weil sie nicht wusste, was sie sonst tun sollte folgte Michaela ihrer Kollegin in die Pizzeria. Die neugierigen Blicke der Gäste, auch die der erbosten Chefin, prallten an ihr ab. Wie ein Roboter nahm sie ihre Arbeit wieder auf. Nichts ergab mehr einen Sinn.

Nach der Arbeit traf Michaela sich mit ihren Freundinnen. Zum ersten Mal in ihrem Leben betrank sie sich.

Am nächsten Morgen gelang es ihr, irgendwie aus dem Bett zu kriechen, bevor sich die Mutter auf den Weg zur Arbeit machte. Michaelas Kopf dröhnte, ihr Mund fühlte sich völlig ausgedörrt an, an ihrem Gaumen haftete ein ekelhafter Geschmack. Auf Beinen, die sich geschwollen und gummiartig anfühlten, wankte sie in die Küche.

Die Mutter stand vor dem Waschbecken. Sie sah aus dem Fenster, schien völlig in Gedanken verloren zu sein. Ein Lächeln umspielte ihre Lippen und ließ sie um Jahre jünger aussehen.

Plötzlich bemerkte Angelika die Anwesenheit ihrer Tochter. Sie fuhr heftig zusammen. Das Lächeln verschwand und wich einem verkniffenen Ausdruck. „Wie siehst du denn aus?“, fuhr sie Michaela an und rümpfte die Nase. „Meine Güte, du stinkst ja furchtbar! Hast du etwa getrunken?“

Michaela schüttelte den Kopf, nicht um zu verneinen, sondern um einen klaren Gedanken fassen zu können. „Ich habe gestern meinen Vater gesehen.“

Die Mutter riss die Augen auf und schüttelte nun ihrerseits den Kopf. „Was redest du da für einen Unsinn. Das hast du dir sicher nur eingebildet.“

„Nein, habe ich nicht! Er war bei der Arbeit, in der Pizzeria. Und letztes Wochenende war er auch schon da.“

„Du solltest wirklich weniger trinken ...“

„Hör auf, verdammt noch mal! Ich trinke normalerweise nicht und das weißt du auch, es war nur gestern, weil er ... Er war da, Mama, ich habe ihn erkannt. Ich will endlich wissen, was los ist, was los war! Ich will wissen, warum er uns verlassen hat, warum du uns in die Pflegefamilie geschickt hast. Ich will wissen, wo mein Vater wohnt, was er macht. Ich will endlich die Wahrheit wissen!“

Michaela bemerkte kaum, dass sie weinte. Alle Qualen, die sie in den letzten Wochen durchlitten hatte, waren mit diesen Worten aus ihr herausgebrochen. Am Ende war ihre Stimme kaum mehr als ein verzweifeltes Flüstern. Bedrohliches Schweigen breitete sich im Raum aus, nahm jeden Winkel für sich ein.

Die Mutter blinzelte, ihre Lippen zuckten, Emotionen flackerten über ihr Gesicht. Doch bevor sich eine davon festigen konnte, fand Angelika wieder zurück zu ihrer Maske der Gleichgültigkeit. „Warum hast du ihn das nicht selbst gefragt?“

Michaela ließ sich erschöpft auf einen der Stühle sinken. „Er ist einfach fortgegangen“, flüsterte sie.

In den Augen der Mutter funkelte eine Mischung aus Mitleid und Hohn. „Nun, dafür wird er wohl seine Gründe gehabt haben."

Die Demütigung schmerzte, als hätte ihr jemand in die Nieren getreten. Michaelas Kehle schnürte sich zu, bis sie keine Luft mehr bekam und japsend dasaß.

Die Mutter verließ die Küche mit hoch erhobenem Haupte, ohne noch ein weiteres Wort zu sagen.

Trotzdem blieb ein winzig kleiner Funken Hoffnung in Michaela am Leben. Sie träumte Nacht für Nacht. Jedes Wochenende wartete sie, sah immer wieder zur Eingangstür der Pizzeria. Aber der Mann, der ihr Vater war, kam nicht mehr. Mit jedem Mal wurde die kleine Stimme der Hoffnung in ihr leiser, machte einer unendlichen Leere Platz.

Fünfunddreißig

Michaela war bis auf die Haut durchnässt. Ihre Hände zitterten so sehr, dass es ihr kaum gelang, auf die Klingel zu drücken. Eisiger Wind zog und zerrte an ihren Haaren und ihrer Kleidung. Schneeregen lief in Bächen über ihr Gesicht, in den Jackenkragen und den Rücken hinunter. Die Kleider klebten unangenehm auf ihrer Haut. All das nahm Michaela nur am Rande wahr.

„Bitte sei zu Hause", flehte sie leise. Zu ihrer unendlichen Erleichterung öffnete Melanie selbst die Tür schwungvoll. Obwohl Michaela vollkommen unangemeldet und in diesem Zustand vor ihr stand, lachte diese voller Freude beim Anblick ihrer Freundin.

„Michi, na das ist ja eine Überraschung. Mit dir habe ich gar nicht gerechnet. Komm doch rein, aber weißt du, eigentlich habe ich gar keine Zeit, weil ich mit Ulli verabredet bin", schnatterte Melanie munter drauflos. Dann verstummte sie, trat einen Schritt zurück und nahm sich die Zeit, Michaela von oben bis unten zu mustern.

Diese brachte kein Wort hervor, so sehr klapperten ihr die Zähne.

„Du meine Güte, wie siehst du denn aus? Du bist ja patschnass. Und ich quassle dich die ganze Zeit voll, du Arme. Jetzt komm schon rein, ist ja saukalt da draußen."

Michaela wäre vor Erleichterung beinahe in Tränen ausgebrochen.

„Meine Eltern sind nicht da, wieder einmal irgendein Geschäftsessen. Helga ist schon vor Stunden nach Hause gegangen."

Melanie bugsierte ihre Freundin ins Badezimmer. Die Wärme prickelte auf Michaelas Wangen.

„Hier, stell dich einfach in die Duschkabine. Zieh dich aus, das nasse Gewand kannst du ruhig hier aufhängen. Ich finde schon etwas zum Anziehen für dich."

Eine halbe Stunde später saß Michaela in eine flauschige Decke gekuschelt auf Melanies Bett. Sie trug einen von Melanies

Jogginganzügen. Eingelullt in ihrer Kleidung, ihrem Duft und ihrer Fürsorge konnte sie sich endlich entspannen und ihre Gedanken sortieren. Vom Flur drang Melanies Stimme zu ihr. Sie telefonierte, wahrscheinlich mit Ulrich. Zu dem Gefühl der Erleichterung gesellte sich ein Anflug von Genugtuung. Sollte der komische Kauz ruhig warten, jetzt war sie an der Reihe.

Etwas später betrat Melanie das Zimmer mit zwei dampfenden Tassen in der Hand. „Vorsichtig, heiß."

Michaela nahm ihr eine der Tassen ab und schnupperte. Kräutertee mit Rum. Melanie grinste, setzte sich ebenfalls aufs Bett und lehnte sich mit dem Rücken ans Kopfteil. Michaela nahm einen schlürfenden Schluck und seufzte.

„Ich weiß gar nicht, wie ich dir danken soll, Meli. Und es tut mir so leid, dass ich dich einfach so überfallen habe, aber ich wusste einfach nicht, wohin. Wenn du lieber gehen willst …"

Melanie stupste sie in die Seite. „Lass den Quatsch. Du bist meine beste Freundin, da lass ich dich doch nicht einfach im Stich. Der Ulli versteht das schon."

Einem heftigen Impuls folgend, umarmte Michaela ihre Freundin linkisch.

Melanie lachte. „He, schon gut. Pass bloß auf, dass du den Tee nicht verschüttest. So, und jetzt erzähl mal, was passiert ist."

Beinahe war es Michaela peinlich. Sie brauchte eine Weile, die richtigen Worte zu finden. Die ganze Zeit über fragte sie sich, ob sie nicht überreagiert hatte, ob Melanie sie am Ende auslachen oder, noch schlimmer, von ihr enttäuscht sein würde.

Es ging um Fabrizio. Er war ein Freund von Ulrich. Auch deswegen hatte sie ihrer Freundin bisher nichts von seinen plumpen Annäherungsversuchen erzählt. Zudem hatte es auch keine Gelegenheit dazu gegeben, da Ulrich stets dabei war, wenn sie sich mit Melanie traf. In dessen Gegenwart, in der sie sich sowieso schon unwohl fühlte, wollte sie nicht über solche Dinge reden. Jetzt erzählte sie Melanie zum ersten Mal, wie aufdringlich Fabrizio in den letzten Wochen geworden war.

„Das ist ja gruselig", entfuhr es Melanie. Sie verzog angewidert das Gesicht.

Michaela nickte. „Ja, schon. Anfangs habe ich mich nur jedes Mal geärgert, mir aber keine großen Gedanken gemacht." Weil ich in Gedanken momentan mit ganz anderen, dringenderen Dingen beschäftigt bin, fuhr sie in Gedanken fort.

„Warum hast du mir das denn nie erzählt?", hakte Melanie kopfschüttelnd nach.

Weil du keine Zeit mehr für mich hattest. Weil du mir nicht mehr zugehört hast. Das waren Antworten, die Michaela für sich behielt. Stattdessen zuckte sie mit den Schultern. „Irgendwie ist es mir peinlich, darüber zu reden", murmelte sie schließlich verlegen.

Melanie nahm ihre linke Hand und drückte sie. „Das muss es dir nicht sein. Männer sind oft solche Schweine."

Diese Worte waren unerwartet verbittert aus Melanies Mund gekommen. Michaela hatte sich so einige Male gewundert, woher Melanies Zynismus kam, wenn es um Männer ging. Welche Erfahrungen sie wohl schon gemacht hatte? Ab und zu hatte die Freundin Bemerkungen fallen lassen, Hinweise auf etwas, was in der Vergangenheit zwischen ihr und dem Vater passiert war. Aber immer, wenn Michaela versucht hatte, vorsichtig nachzuhaken, hatte Melanie abgeblockt. Auch in ihrem Leben gab es wohl Erinnerungen, um die sie einen Schutzwall hochgezogen hatte. In Wahrheit fürchtete Michaela sich vor den Abgründen, die sich hinter Melanies Mauern auftaten. So beschämend es auch war, sie war froh, nicht mehr darüber zu wissen.

„Was ist denn nun passiert?", bohrte Melanie weiter und riss Michaela aus ihren Gedanken. Mit leiser Stimme fuhr sie fort.

An diesem Abend war Fabrizio wieder in der Pizzeria aufgetaucht. Michaela hatte ihn nicht weiter beachtet. Er hatte auf sie gewartet, bis sie Feierabend hatte und hängte sich dann an ihre Fersen.

„Was ist mit deinen Kolleginnen, ist denen nichts aufgefallen?", hakte Melanie sofort nach.

Tatsächlich hatte Patrizia das Lokal zeitgleich mit Michaela verlassen. Es wäre so einfach gewesen, sich bei der Kollegin einzuhaken und mit ihr mitzugehen, denn auch wenn sie am anderen Ende der Stadt wohnte, hätte diese bestimmt nicht gezögert, Michaela zu helfen.

„Auf diese Idee bin ich gar nicht gekommen", antwortete sie schließlich. Vielleicht lag es daran, dass sie daran gewöhnt war, sich niemanden anzuvertrauen, mit allem selbst zurechtkommen zu müssen.

So hatte sie sich einfach von Patrizia verabschiedet. Fabrizio ließ sich nicht abschütteln. Zuerst blieb er noch freundlich, fragte, ob sie denn nicht mitkommen wolle, um etwas trinken zu gehen. Dann wurde er immer hartnäckiger, bis Michaela sich genötigt sah, ihm laut und deutlich zu sagen, dass sie kein Interesse an ihm hatte. Er wirkte so verdattert, dass Michaela dachte, die Sache wäre damit erledigt.

Michaela parkte ihre Vespa immer auf dem kleinen Parkplatz hinter der Pizzeria, der für die Mitarbeiter reserviert war. In dem Moment, in dem sie den finsteren Hinterhof betrat, wurde ihr bewusst, welchen Fehler sie gerade eben begangen hatte. Kaum war ihr dieser Gedanke durch den Kopf geschossen, war Fabrizio schon bei ihr. Er packte sie von hinten an den Armen, versuchte sie wild fluchend mit sich zu zerren.

Aber von einer Sekunde zur anderen schlugen Michaelas Erschrecken und Angst in Wut um. All die Frustration, die sich in den letzten Monaten in ihr aufgestaut hatte, schien aus ihr herauszubrechen. Brüllend riss sie sich von ihm los und schlug nun ihrerseits auf ihn ein. Ihre Hiebe kamen ungelenk und unkoordiniert. Doch der Kerl hatte wohl mit keiner Gegenwehr gerechnet. Er stolperte und fiel zu Boden.

„Du hättest seinen Gesichtsausdruck sehen sollen." Michaela schüttelte den Kopf. „Er wirkte fast beleidigt, als hätte ihm jemand sein Spielzeug weggenommen. Jedenfalls bin ich dann so schnell wie möglich zur Vespa hin und habe zugesehen, dass ich fortkomme. Ich schwöre, wäre er mir im Weg gewesen, ich hätte ihn einfach überfahren."

Plötzlich wurde ihr die Absurdität der Situation bewusst. Ohne es zu wollen, brach ein hysterisches Kichern aus Michaela hervor.

Melanie fiel in ihr Gelächter mit ein. „Oh Michi. Wer hätte gedacht, dass das in dir steckt? Ich bin unheimlich froh, dass du heil davongekommen bist. Dieser grässliche Typ hat die Prügel echt verdient."

Sie umarmte Michaela. Für kurze Zeit war es so wie in alten Zeiten, in denen sie sich noch unbeschwert unterhalten konnten. Melanies Nähe fühlte sich so vertraut an, so sicher und so richtig. Michaela schmiegte sich noch etwas fester in die Umarmung. Wie gut Melanie roch, wie gut sie sich anfühlte ... Was vorher passiert war, war keinen Gedanken wert. Michaela hätte diesen kostbaren Augenblick so gerne festgehalten und nie wieder losgelassen. Sie drehte ihr Gesicht ein paar Zentimeter zur Seite. Ihre Lippen streiften Melanies Wange und fanden ihre Lippen. Eine Welle betörenden Glücks überschwemmte ihren ganzen Körper.

Ihr Kopf knallte gegen den Bettpfosten, so heftig stieß Melanie sie von sich.

„Spinnst du, was soll das?" Die Lippen angewidert gekräuselt fuhr Melanie sich mit dem Handrücken über den Mund.

Ein paar Herzschläge lang starrten sich die Mädchen an. Sekunden, in denen im Schweigen Wahrheiten mit solcher Wucht offenbart wurden, dass sie körperliche Schmerzen verursachten. In schonungsloser Deutlichkeit fegten eine ganze Serie von Emotionen über Melanies Miene.

Michaela kannte sie alle. Überraschung. Ekel. Verwirrung. Das schlimmste: Mitleid. Der Schmerz und die Erniedrigung gruben sich wie ein Faustschlag in Michaelas Magengrube, nahmen ihr die Luft zum Atmen. Würgend taumelte sie aus dem Bett, über die Treppe nach unten, ins Badezimmer, wo sie mit zitternden Fingern die Tür abschloss. Hastig riss sie sich Melanies Kleider vom Leib und schlüpfte in ihre eigenen. Sie waren immer noch feucht, klebten klamm an ihrem Körper.

Zaghaftes Klopfen an der Tür. „Michi? Michi, lass uns doch darüber reden."

Bebend fummelte Michaela am Türschloss, bis es sich endlich öffnete, riss die Tür so heftig auf, dass Melanie erschrocken zurücksprang, rannte an der Freundin vorbei, ohne ihr ins Gesicht zu schauen.

„Gibt nichts zu reden. War nur ein dummes Missverständnis. Tut mir leid.“ Sie wusste nicht, ob Melanie ihre gestammelten Worte überhaupt verstehen konnte. Grußlos stürzte sie nach draußen.

Sechsunddreißig

Dass sie auf dem Heimweg keinen Unfall baute, grenzte an ein Wunder. Michaela fuhr wie blind, den Blick starr nach vorne gerichtet, ohne auf Ampeln oder die anderen Verkehrsteilnehmer zu achten.

Alles verloren. Alles umsonst. Die Worte hämmerten laut und erbarmungslos zwischen ihren Schläfen. Sie hatte ihre beste Freundin verloren und mit ihr den einzigen Menschen, für den sie echte Liebe empfand. Reine Liebe, pure Liebe, die nicht vom Schmutz der Vergangenheit befleckt war. Wie viele Blicke dieser Art würde sie noch ertragen müssen? Konnte sie überhaupt noch einen einzigen erdulden, ohne zu zersplittern wie ein morscher Ast? Würde Melanie es den anderen erzählen?

Michaela wankte durch die Eingangstür der Wohnung und direkt in ihr Zimmer. Sie wusste nicht, ob noch jemand daheim war. Es war ihr egal. Alles war egal. Noch niemals zuvor hatte sie sich so sehr geschämt. Wie dumm und naiv sie doch gewesen war. Von einem Vater zu träumen, der nichts mit ihr zu tun haben wollte. Von einer Liebe zu träumen, die unmöglich war.

Sonja fand Michaela Stunden später wimmernd und am ganzen Körper zitternd auf der Bettdecke liegend vor. Ihre Wangen waren feuerrot. Zeichen eines heftigen Fiebers, das in ihr wütete. Sonja schaffte es irgendwie, ihre Schwester auszuziehen und sie zuzudecken. Dann blieb ihr nichts übrig, als abzuwarten, bis die Mutter nach Hause kam. Angelika legte besorgt die Stirn in Falten, als sie Michaela so daliegen sah. Bis auf einen harmlosen Schnupfen hie und da war das Mädchen noch nie krank gewesen. Die ganze Nacht über stand die Mutter immer wieder auf, um ihrer Tochter Tee einzuflößen und ihr Wadenwickel zu machen. Zum Erstaunen von Karl und Sonja nahm sie sich am Sonntag sogar frei. Auch rief sie höchstpersönlich in der Pizzeria an, um Michaelas Fortbleiben zu entschuldigen.

Erst am Sonntagnachmittag kam Michaela wieder zu sich. Obwohl sie das Gefühl nicht loswurde, dass die Hand, die auf ihrer Stirn lag, nicht die richtige war, duldete sie die Fürsorge der Mutter und die Hingabe, mit der sie sich um Michaela kümmerte. Die beiden wechselten kaum ein Wort. Etwas Heilsames lag in der unbedingten Ergebenheit, mit der sie sich in die für sie vorgesehenen Rollen fügten: Mutter und Tochter.

„Es wird alles wieder gut", sagte Angelika einmal, als Michaela ihre Tränen nicht zurückhalten konnte.

Michaela wollte ihr so gerne glauben.

Siebenunddreißig

Das Wetter wollte sich wohl mit der jungen Frau solidarisch zeigen. Dunkelgrau und schwer hingen die Wolken über der Stadt, es regnete beständig. Erst am Montag ließen die stürmischen Böen nach und wichen sanftem Nieselregen. Obwohl es ihr am Montag – wenigstens körperlich – wieder besser ging, blieb Michaela daheim. Der Gedanke, Melanie in der Schule zu begegnen, war ihr unerträglich. Am Dienstag bestand die Mutter jedoch darauf, dass ihre Tochter wieder zur Schule ging, damit sie nicht zu viel vom Lernstoff verpasste.

Artig packte Michaela den Schulranzen, verließ mit Sonja das Haus und stieg in denselben Bus, mit dem ihre Schwester zur Schule fuhr. Sonja machte eine Ausbildung zur Floristin und besuchte die Berufsschule. Daher stieg sie zwei Stationen vor Michaela aus. Sie verabschiedeten sich winkend, wie sie es immer taten. Michaela verließ den Bus aber nicht wie üblich an der Haltestelle gegenüber der Frauenoberschule, sondern fuhr bis zum Bahnhof. Anschließend lief sie den ganzen Weg zu Fuß nach Hause zurück.

In ihrem Kopf ratterte es. Pläne nahmen Gestalt an. Michaela setzte sich auf ihre Vespa. Sie sah zum Himmel hinauf. Die Wolken waren finsterer geworden, bedrohlicher. Der Regen wurde wieder stärker. Unsanft prallten dicke Tropfen auf Michaelas Gesicht. Nun, von den Wettergöttern würde sie sich jetzt nicht abhalten lassen. Grimmig schüttelte sie den Kopf. Sie setzte sich den Helm auf und betätigte den Anlasser. Marling war ihr Ziel, Pauls Wohnung – und das Geld, das sie dort aufbewahrte.

Achtunddreißig

Michaela zwängte sich an den Leuten vorbei, die auf der Stiege herumlungerten. Die Luft in der Bar war stickig vom Zigarettenqualm. Im gedämpften Licht konnte sie kaum etwas erkennen. Das Lokal war überfüllt. Am liebsten hätte sie sich die Ohren zugehalten. Die Musik, die scheppernd aus den Boxen in der Ecke dröhnte, war zu laut, das Gelächter und Geschrei der Leute sägte an ihren Nerven. Sie schubste und schob sich durch die Menge. Endlich entdeckte sie Paul. Er saß mit geschlossenen Augen und ausgestreckten Beinen in einer Nische auf einer Eckbank. Judith, die wirkte, als wäre sie völlig weggetreten, lehnte an seiner Schulter.

„Paul", schrie Michaela gegen den Lärm an.

Sie beugte sich über den Tisch und schubste ihn so heftig, dass Judiths Kopf von seiner Schulter fiel. Ruckartig fuhr sie hoch.

Paul hingegen blinzelte nur. „Was …?" Er stierte seine Schwester mit glasigen Augen an, als wäre sie eine Fremde.

„Was willst du?", quengelte Judith.

Michaela ignorierte sie. „Paul", schrie sie noch lauter.

Erst jetzt huschte etwas wie Erkennen über sein Gesicht. „Hallo Michi, wie nett, dass du hier bist. Setz dich, trink doch etwas mit uns."

Michaela war sprachlos vor Fassungslosigkeit. Bitterkalt kochte die Wut in ihr hoch. Sie ballte die Hände zu Fäusten und schlug auf die Tischplatte ein, die sich unangenehm klebrig anfühlte. Am liebsten hätte sie Paul gepackt und geschüttelt.

„Wo ist mein Geld, verdammt noch mal?", kreischte sie.

Paul sah sie nur weiterhin dümmlich grinsend an.

Judith war inzwischen aufgestanden und schob sich jetzt vor Michaela. „Dein Geld?", lachte sie gackernd.

Die Frau stand so nahe vor Michaela, dass diese angeekelt ein paar Schritte nach hinten machte, um ihrem stinkenden Atem auszuweichen.

Verächtlich grinsend stemmte Judith die Hände in die Seiten. „Dein Geld, dass ich nicht lache. Du gehst bei uns ein und aus, als wäre es deine Wohnung, frisst uns die Haare vom Kopf, und da redest du von deinem Geld? Es gehört Paul. Es ist seine Miete." Wieder lachte sie, als wäre sie auch noch stolz auf ihre Hirngespinste.

„Was redest du für einen Scheiß", brüllte Michaela.

Paul war es gelungen, sich aufzurappeln. Schwerfällig versuchte er, hinter dem Tisch hervorzukommen. „Hey, jetzt beruhigt euch!", nuschelte er beschwichtigend.

Michaela sah von Judith zu Paul. Plötzlich hatte sie genug. Genug von seiner verwahrlosten Gestalt, von seiner Verlogenheit, von Judith mit ihrer hässlichen Visage. „Gib mir sofort mein Geld zurück!", schrie sie.

Paul kratzte sich am Kopf und wich ihrem Blick aus. Es war Judith, die das Fass zum überlaufen brachte. Eine hämische Grimasse schneidend hob sie die Hände und winkte spöttisch. Michaela schlug zu. Sie schlug der Frau so heftig ins Gesicht, dass Judiths Kopf zur Seite flog und sie nach hinten stolperte. Das Gefühl der Macht und der Überlegenheit war so überwältigend, dass Michaela am liebsten wieder und wieder auf Judith eingeprügelt hätte, bis die falsche Schlange am Boden lag und blutete.

Paul war es irgendwie gelungen, über den Tisch zu springen und sich zwischen die beiden zu stellen. „Hör auf!", brüllte er Michaela an und packte sie an den Armen.

Judith tauchte mit blutender Nase hinter ihm auf. „Du blöde Fotze ... du! Schlägst einfach auf wehrlose Leute ein. Du bist doch kein bisschen besser als dein Vater", jammerte sie schrill.

Michaela erstarrte mitten in der Bewegung.

„Er hätte es gleich richtig machen und dich totprügeln sollen, als du noch klein warst!"

Tausende schmerzhafte Splitter bohrten sich in Michaelas Eingeweide, in ihr Herz, in ihre Lungen. Sie rang verzweifelt nach Luft. Vage wurde ihr bewusst, dass die Gespräche um sie herum verstummt waren und die Leute neugierig zu ihnen herübersahen.

„Halt die Klappe, Judith!“, schrie Paul. Dann sah er Michaela an. Sein Blick war kaum zu ertragen. „Michaela …“, dabei streckte er die Hand nach ihr aus.

Sie hob abwehrend die Hände, drehte sich um und lief schwankend davon.

Neununddreißig

Es regnete nicht mehr. Irgendwann, während sich Michaela in diesem versifften Lokal aufgehalten hatte, während ihr Wahrheiten offenbart wurden, die an Grausamkeit kaum zu übertreffen waren, hatte sich die Wolkendecke klammheimlich verzogen. Der Mond lächelte freundlich von einem sternenklaren Himmel auf die Stadt herab. Selbst der Wind schien seiner Arbeit müde zu sein und schickte nur noch kleine Böen, wie um an seine Macht zu erinnern.

Michaela nahm von alldem nichts wahr. Sie taumelte durch die anbrechende frostige Nacht. Einmal glaubte sie, Pauls Stimme zu hören, die ihren Namen rief. Kopflos lief sie davon, immer schneller und schneller. Wenn sie nur schnell genug rannte, konnte sie alles hinter sich lassen. Den Schmerz, die Wut, die Angst, das Entsetzen.

Ein Mann kam ihr entgegen, stellte sich ihr in den Weg. „Wohin denn so eilig, schönes Mädchen?"

Michaela knurrte und rempelte ihn einfach an. Er stolperte mit einem verblüfften „Uff" zur Seite. Mit der Linken hielt sie ihre Handtasche umklammert. Irgendwo auf dem Weg musste sie ihr Haarband verloren haben. Das Haar fiel ihr in die Augen, ins Gesicht. Sie lief vorbei an Hecken. Zweige peitschten in ihr Gesicht und Michaela genoss den Schmerz. Schmerz war das Einzige, das sie in der Realität hielt. Das Einzige, das sie davon abhielt, in den Abgrund zu stürzen.

Sie flüchtete vor Judith und Paul. Vor Worten, die sie nicht hören wollte.

Dann war es ihre Mutter, vor der sie davonlief.

Vor der sie davonläuft, aber sie ist nicht schnell genug. Die Mutter packt Michaela an den Haaren und zerrt sie zum Schrank. Sie bettelt und wimmert und verspricht, brav zu sein, lieb zu sein. „Brave Michi", schluchzt sie, aber die Mutter keift und tut ihr weh. Dabei ist sie so riesig, und der Schrank, in den sie Michaela wirft, ist so finster, und er stinkt, wie die Blumen, die im Garten wachsen. Wie lange muss sie dortbleiben? Es kommt ihr vor wie eine Ewigkeit.

Irgendwann hat sie schrecklichen Durst und sie muss Pipi machen … kann das Pipi nicht mehr halten und sie schämt sich, als die Mutter sie aus dem Schrank holt und wieder schimpft. Dann muss sie wieder in der Badewanne schlafen, weil sie ein böses Mädchen ist, das ins Bett macht. Sie hat Hunger und Durst und die nassen Hosen reiben ihren Popo wund, und sie weint. Irgendwann ist da Paul, der sich im Dunkeln hereinschleicht, ihr die Haare streichelt und ihr etwas vorsingt und dann kann Michaela einschlafen.

Am Ende ist es nicht mehr die Mutter, vor der sie davonläuft, sondern es ist der Vater. Er ist wütend und schreit, und sie weiß nicht, warum, sie versteht es nicht. Er tut ihr weh und schlägt sie. Der Kopf tut ihr weh und eine klebrige Flüssigkeit tropft aus ihrer Nase. Sie will unter den Tisch kriechen, aber sie ist nicht schnell genug. Er packt sie an den Füßen, zieht sie zurück. „Bitte, Tata, bitte, Michi lieb", schluchzt sie, aber er tritt zu, in ihre Beine, in ihren Bauch und es tut weh, so weh. Sie sieht Paul in der Ecke stehen, zitternd, mit dem Daumen im Mund, und das Baby weint auf Mutters Arm, und die Mutter weint und ruft: „Um Gottes Willen, Franz, hör auf, du machst sie tot." Dann wird ihr schwarz vor Augen und sie will das so, sie will gehen, sie will fort von hier, sie will in den Himmel …

Michaela stolperte und landete unsanft auf den Knien.

Eine Frau half ihr auf. „Jesses, ist alles in Ordnung mit Ihnen?"

Sie stützte sich an der Mauer ab und erbrach sich heftig. Die Frau hastete mit angewiderter Miene weiter. „Besoffen. Die jungen Leute heutzutage …"

Michaela ging langsam weiter. Schritt für Schritt schleppte sie sich dahin. In ihrem Bauch rumorte es so heftig, dass sie glaubte, sie müsste sich gleich in die Hose machen. Blicklos starrte sie vor sich hin.

Endlich blieb sie stehen. Tief saugte sie die Luft ein, blickte sich um. Sah langsam wieder etwas klarer. Was sollte sie jetzt tun, wo sollte sie hin? Sie konnte auf keinen Fall mehr nach Hause gehen. Autos fuhren an ihr vorbei. Auf der anderen Straßenseite war der Bahnhof.

Sie suchte die Haltestelle, und zu ihrer Erleichterung sah sie, dass der letzte Bus noch nicht abgefahren war. Der Busfahrer kam ihr bekannt vor. Womöglich war es derselbe wie letztes Mal.

„Wohin?", fragte er.

„Nach Hause", antwortete sie.

Draußen war es so dunkel, dass Michaela beinahe die Haltestelle verpasst hätte. Ein paar Herzschläge lang verharrte sie am Fuße der steilen Einfahrt. Sie war nicht mehr hier gewesen seit damals. Nicht einmal angerufen hatte sie. Zum einen wagte sie es nicht, den Telefonapparat daheim zu benutzen – die Mutter kontrollierte die Telefonrechnung strengstens. Sie hätte von einem öffentlichen Münztelefon anrufen können, jedoch ... Ja, es schmerzte zu sehr, zu wissen, dass ihre Pflegeeltern so nahe und doch so unerreichbar waren. Es war ihr einfacher erschienen zu vergessen.

Jetzt wusste sie, dass sie sich etwas vorgemacht hatte. Nichts von dem, was passiert war, konnte dauerhaft vergessen werden. Für sie war die Vergangenheit, die sie nicht kannte, nicht verstand, ein Dämon, der ihr immerzu auflauerte. Sie konnte diesem Untier nur lebend entkommen, wenn sie sich ihm endlich stellte.

Erschöpft erklomm sie den Weg, der zum Haus führte. Aus den Nachbarhäusern drangen Lichter und Stimmen. Die Dämmerung verbarg Neues und gaukelte Michaela vor, nichts hätte sich verändert. Beinahe konnte sie Kinderlachen in den Schatten hören. Sie sah Licht hinter den geschlossenen Fensterläden der Stube. Sie war so schrecklich müde, und sie fürchtete sich. Was, wenn sie nicht willkommen war? Es fühlte sich absurd an, auf die Klingel zu drücken. Früher war sie in diesem Haus einfach so ein und aus gegangen.

Die Tür öffnete sich. „Andrea, hast du etwas vergessen?"

Michaela trat Maria entgegen. Eine Welle von Gerüchen hieß sie willkommen: Kamillentee, Kernseife, Geborgenheit, Liebe. Erinnerungen trieben ihr die Tränen in die Augen. Große, warme, raue Hände umfassten ihr Gesicht.

„Michi, du? Was machst du denn hier? Wie siehst du denn aus? Du bist ja ganz durchgefroren. Ach, du armes Kind, jetzt komm schnell herein, du holst dir noch den Tod."

Sie wurde ins Innere gezogen, flüchtete sich in eine weiche Umarmung.

„Ich war doch noch so klein. Warum hat er das getan? Er hätte mich fast umgebracht", stammelte sie.

Maria sagte nichts, hielt Michaela nur weiterhin fest.

„Maria, wer ist es denn?" Schlurfende Schritte. Über Mammes Schulter hinweg sah Michaela ihren Pflegevater in der Stubentür stehen. Luis stützte sich auf einen Stock, blinzelte mit fast blinden Augen. Schon wieder erschrak Michaela. Wie war es möglich, dass er so alt geworden war?

„Sieh nur, Luis, es ist Michi. Ist das nicht eine nette Überraschung?"

Michaela lächelte ihren Tatte an. Frische Tränen tropften über ihre Wangen. Seine weichen Handflächen flatterten über ihr Gesicht, trockneten ihre Haut und nahmen etwas von der Traurigkeit mit sich.

„Michaela, wie schön, wie schön." Luis entblößte seine Zahnstummel in einem strahlenden Lächeln, und auch das war eine Erinnerung, an der sie sich festklammern konnte. Michaela schämte sich für das, was sie eben gedacht hatte, noch mehr dafür, dass sie ihre Pflegeeltern nicht öfter besucht hatte.

„Mamme? Kann ich bitte hierbleiben … für ein paar Tage? Schick mich bitte nicht fort."

Maria legte ihr den Arm um die Schultern.

„Natürlich. Ein Bett ist immer für meine großen Kinder reserviert. Manchmal findet ihr den Weg nach Hause, auch wenn ihr uns meistens vergesst."

Beschämt senkte Michaela den Kopf. „Nicht vergessen. Wir versuchen nur, irgendwie … zurechtzukommen."

Michaela ließ sich Kamillentee mit einem Schluck Rum einflößen und ins Bett bringen. Kissen wurden aufgeschüttelt und die Bettdecke über sie gelegt. Eine Hand streichelte ihr

Haar. Dieses Mal war es die richtige Hand. Michaela schlief sofort ein.

Sie erwachte erst am späten Vormittag des nächsten Tages. Die zwei Pflegekinder, die noch hier lebten, Anna und Fritz, waren bereits zur Schule aufgebrochen und Andrea inzwischen von der Nachtschicht nach Hause gekommen. Die beiden jungen Frauen kreuzten sich in der Küche und umarmten sich linkisch.

„Wie schön, dass du hier bist, Michaela. Wie geht es dir denn?", erkundigte sich Andrea. Sie hielt sich die Hand vor den Mund, versuchte, mit schuldbewusster Miene ein herzhaftes Gähnen zu unterdrücken.

Michaela lachte. „Schon gut, geh du nur schlafen. Wir können uns später noch unterhalten."

Maria werkelte in der Küche herum. „Guten Morgen, Michaela! Ich hoffe, du hast gut geschlafen? Setz dich, ich mache dir ein Frühstück, du musst hungrig sein."

Michaela protestierte nur halbherzig. In ihrem Magen rumorte es tatsächlich.

Luis kehrte von seinem morgendlichen Spaziergang zurück und gesellte sich kurz zu den Frauen. Dann verabschiedete er sich, um ein Nickerchen auf dem Sofa zu machen.

Michaela musterte Maria, die erst den Abwasch erledigte und sich dann daranmachte, das Mittagessen vorzubereiten. Jede ihrer Bewegungen war Michaela so vertraut, als wäre sie niemals fortgegangen. Einer plötzlichen Gefühlswallung nachgebend ging Michaela zu ihrer Pflegemutter und umarmte sie heftig.

„Mamme", murmelte sie an Marias Schulter geschmiegt. „Mamme, bitte sag mir, was damals passiert ist. Ich muss es wissen. Alles."

Maria seufzte und schob Michaela sanft von sich. Sie wischte sich die Hände an ihrem Schurz ab.

„Du solltest deine Mutter fragen."

Michaela sah sie nur an.

Wieder seufzte Maria. „Na gut. Setzen wir uns hin." Und Maria erzählte. Sie sprach langsam, wählte ihre Worte mit Bedacht.

Michaela hörte ihr schweigend zu, den Blick auf ihre Hände gesenkt, die sie im Schoß gefaltet hatte.

„Als ich dich damals im Krankenhaus besucht habe, dachte ich, du schaffst das nicht. Du hattest überall blaue Flecken und Schläuche in der Nase und im Mund“, schloss Maria ihren Bericht, bevor sie hinzufügte: „Diesen Fehler habe ich danach nie mehr gemacht. Ein Kind einfach so gehen zu lassen. Ich habe sie alle zu Hause besucht, um zu schauen, ob es ihnen gut geht. Ob die Eltern sie gut behandeln.“

Maria wischte sich die Augen mit ihrem Taschentuch trocken. Sie wirkte erschöpft und unendlich traurig.

Michaela musste schlucken. Sie legte ihrer Pflegemutter den Arm um die Schultern und lehnte sich an sie. „Vielen Dank“, flüsterte sie.

Maria tätschelte ihre Hand. „Sprich bitte Luis nicht darauf an. Es war alles so schlimm für ihn. Er hat einmal versucht, dich heimzuholen. Er hat dich besucht, ein paar Monate, nachdem sie dich abgeholt hatten. Du hast wohl ziemlich schlimm ausgesehen, dich an ihn geklammert und furchtbar geweint. Aber deine Eltern haben ihn fortgeschickt, und er ist gegangen. Was hätte er auch tun sollen? Er hat schrecklich darunter gelitten. Aber wir dachten ja, wir hätten kein Recht, uns einzumischen. Wenn wir geahnt hätten, was passieren würde …“

Die Qual in Marias Stimme und in ihren Augen war für Michaela kaum zu ertragen. Sie umarmte ihre Pflegemutter noch einmal fest. „Schon gut. Ihr habt nichts falsch gemacht.“

Nach einer Weile stand Maria auf. Sie warf einen Blick auf die Uhr. „So, jetzt muss ich mich aber wirklich ans Kochen machen. Leg dich doch noch ein bisschen hin vor dem Mittagessen.“

„Ich gehe lieber ein wenig spazieren. Es gibt so vieles, worüber ich nachdenken muss.“

„Michaela“, rief Maria ihr nach.

Ihre Pflegetochter blieb gehorsam in der Tür stehen. Maria lächelte sie mit der freundlichen Strenge an, die Michaela von früher kannte. „Du kannst so lange hierbleiben, wie du willst, auch für immer. Aber ruf deine Mutter an.“ Sie hob die

Hände, bevor Michaela widersprechen konnte. „Ich weiß, dass du wütend auf sie bist und denkst, sie hätte kein Recht, zu wissen, was du machst. Aber sie ist immer noch deine Mutter. Sie macht sich bestimmt Sorgen um dich. Also ruf sie an."

Michaela zuckte mit den Schultern, dann nickte sie.

Angelika nahm nach dem ersten Klingeln ab.

„Michaela, wir haben uns schon Sorgen gemacht! Wo ..."

Michaela unterbrach ihren Redefluss. Mit knappen Worten erklärte sie, wo sie sich befand und dass sie fürs Erste hierbleiben würde. Wie sie erwartet hatte, war die Mutter aufgebracht.

„Was denkst du dir dabei, was ist mit der Schule und der Arbeit? So einfach geht das nicht, Fräulein. Du kommst auf der Stelle nach Hause!"

Plötzlich verspürte Michaela einen Anflug von Mitleid. „Nein, Mutter. Ich bleibe hier. Wenn du wissen willst, warum, frag doch einfach Paul."

Die altbekannte Routine half Michaela dabei, zur Ruhe zu kommen. Sie wusste, dass sie ihre Gedanken sortieren und Entscheidungen fällen musste. Aber solange sie hier war, in dieser heilsamen, wohltuenden Welt, am einzigen Ort, der für sie Heimat bedeutete, versuchte sie, einfach nur einen klaren Kopf zu bekommen. Sie lernte Anna und Fritz besser kennen. Die beiden waren aufgeweckt und neugierig. Michaela war überrascht, wie viel Spaß es ihr machte, die große Schwester für die beiden zu spielen. Sie trank Kaffee mit Andrea; ihre Unterhaltungen verliefen zwanglos und vertraut, als wäre seit ihrer Kindheit keine Zeit vergangen. Sie half Maria im Haushalt, begleitete ihre Pflegemutter ins Dorf, wenn Einkäufe zu erledigen waren, und ging sonntags mit ihr in die Kirche, so, wie sie es früher getan hatte. Sie hängte sich bei Luis unter. Es fiel ihr nicht schwer, sich seinen schwerfälligen, schlurfenden Schritten anzupassen. Diese Spaziergänge, die aus nichts bestanden als der frischen Luft und der Nähe ihres geliebten Tatte, waren unendlich heilsam. Sie traf auch Stefan und Alfons wieder, die ihr beide mit derselben verlegenen

Freude begegneten, die sie selbst empfand. Sie überwand ihre Scheu und ließ sich Ursulas Telefonnummer geben. Fast eine Stunde lang unterhielt sie sich angeregt mit ihrer ehemals besten Freundin.

Und Michaela aß. Knödel, Schmarren, Polenta, Suppen, Strudel, was auch immer Maria ihr vorsetzte, die junge Frau verspeiste alles mit einer Freude und Lust, die sie seit Jahren nicht mehr gekannt hatte.

Nur einmal überlegte Michaela ernsthaft, sich Maria und Luis anzuvertrauen. Ihnen alles zu erzählen, was in den letzten Jahren passiert war. Ihnen von Melanie zu erzählen, von ihren verwirrenden Gefühlen. Doch etwas hielt sie zurück. Sie wusste, dass Maria sie liebte wie ihre leiblichen Kinder. Aber konnte sie von ihrer Mamme verlangen, zu verstehen, dass Michaela so anders war, nicht normal war? Nein. Sosehr es auch schmerzte, vor denen, die sie ihre wahren Eltern nannte, ein solches Geheimnis zu haben, die Erfahrung hatte Michaela gelehrt, sich keine Illusionen zu machen.

Luis lag wieder einmal leise schnarchend auf dem Sofa.

„Er wird immer so schnell müde. So ganz hat er sich von dem Schlaganfall nie erholt. Ständig muss er irgendwelche Tabletten nehmen“, erzählte Maria leise, beinahe entschuldigend, während sie den Abwasch erledigte. Eine Grimasse schneidend trocknete sie sich die Hände an einem roten Geschirrtuch ab und deutete auf einen Plastikbehälter, in dem viele bunte Pillen lagen. „Und das sind meine.“ Sie lächelte Michaela an. „Krebs. Hier“, sie deutete auf ihre Brust.

Michaela zuckte betroffen zusammen. Sie wusste nicht, was sie sagen sollte.

Maria legte ihr den Arm um die Schultern. „Nicht traurig sein, Kleines. Dazu gibt es keinen Grund. Wir sind alt. Alte Menschen sterben eben. Ich muss den Luis eh vorgehen lassen. Was würde er auch ohne mich machen? Ins Altersheim würden sie ihn stecken. Nein, ein paar Jährchen werden uns schon noch vergönnt sein. Es ist alles so, wie es sein sollte. Nur junge Menschen, die sollten nicht sterben dürfen.“

Später saß Michaela neben der Couch auf dem Boden, da wo früher die kleine Matratze war, das Sattele, auf der sie auch zu fünft Platz fanden.

Die Hand ihres Pflegevaters lag auf ihrem Kopf. „Du bist ein gutes Mädchen", murmelte er.

Sie wünschte, sie hätte ihm glauben können.

Im Fernseher lief „Reich und schön". Michaela ließ sich gerne von den eintönigen, simplen Szenen einlullen und versuchte, nur die guten Erinnerungen heraufzubeschwören. Vielleicht hatte Paul ja recht und sie neigte dazu, die Zeit in der Pflegefamilie zu verherrlichen. Trotzdem: Das, was vorher war, und das, was nachher kam, war schlimmer. Also hielt sie sich lieber an dem Guten fest.

Am Samstag war es bitterkalt draußen. Der Geruch nach Schnee lag in der Luft. Michaela borgte sich einen warmen Pullover und einen Schal von Andrea und brach gleich nach dem Frühstück zu einem Spaziergang auf. Sie spazierte ins Dorf, wo sie kaum einer Menschenseele begegnete. Sie folgte einer steilen Seitenstraße, die immer enger wurde, je weiter sie in den Wald führte, und schließlich einfach endete. Michaela dachte nicht weiter darüber nach. Ihre Füße fanden den Weg wie von selbst. Ein schmaler Pfad führte sie durch den Wald an einer einsamen kleinen Hütte vorbei. Es war das Pfefferkuchenhaus. Hier hatten sie früher oft gespielt. Bald danach erreichte sie die Wiese, auf der im Frühjahr und Sommer wunderbare Blumen blühten. Auch diese kannte Michaela noch gut. Wann immer das Wetter es zuließ, waren sie im Sommer zum Picknicken hierhergekommen. Sie folgte dem Pfad weiter durch dichten Wald, bis sie einen kleinen Bach erreichte. Auch den schmalen Steg gab es immer noch, wenn er auch verdächtig morsch aussah.

Michaela ging gemächlich weiter und näherte sich langsam wieder ihrem Ausgangspunkt. Sie konnte schon die Anhöhe sehen, auf der das Haus ihrer Pflegeeltern stand. Sie blieb stehen und atmete tief die kalte Luft ein. Der nahende Abschied machte sie traurig. Wer wusste schon, wann sie das nächste Mal Gelegenheit haben würde, hierherzukommen. Aber dieses Mal würde sie Kontakt halten, nahm sie sich vor. Sie würde anrufen und schreiben. Die Zeit des Davonlaufens und Verdrängens war vorbei. Sie musste endlich weiterkommen in ihrem Leben. Das konnte ihr nur gelingen, wenn sie alles hinter sich ließ, was sie bisher gekannt hatte.

Vierzig

Sonja war schon da. Sie stand auf und winkte Michaela zu. Die wenigen vornehm gekleideten Gäste musterten die Mädchen neugierig. Michaela hatte ihre Schwester absichtlich darum gebeten, sich mit ihr in diesem noblen Café zu treffen. Hier würden sie bestimmt niemanden treffen, den sie kannten. Michaela sah sich verstohlen um. Das Lokal wirkte genauso versnobt, wie sie es sich immer vorgestellt hatte. Ein Blick in die Getränkekarte verriet ihr, dass die Preise genauso edel waren wie das Ambiente. Ein verstohlenes Grinsen wechselnd bestellten die beiden eine Flasche Mineralwasser.

Erst als die Kellnerin ihre Aufmerksamkeit neuen Gästen widmete, ergriff Michaela Sonjas Hand. „Vielen Dank, dass du das hier für mich machst."

Sonjas Augen funkelten. Ihr schien die Heimlichtuerei Spaß zu machen. Sie deutete auf die schäbige Reisetasche auf dem Stuhl neben sich. „Viel ist es ja nicht. Ein paar Hosen und Pullover, etwas Unterwäsche, dein Kamm und die Zahnbürste. Ich musste Mamas Nachtkästchen auf den Kopf stellen, um deinen Ausweis zu finden", erzählte sie fröhlich. „Aber wo warst du denn überhaupt? Aus Mama war nichts herauszubekommen."

Sie bekam große Augen, als Michaela ihr berichtete, wo sie die letzten Tage verbracht hatte.

„Na, kein Wunder, dass Mama nichts sagen wollte. Wozu brauchst du das Zeug überhaupt?", forschte Sonja mit gerunzelter Stirn nach.

Michaela seufzte. „Ich muss raus hier. Du weißt, dass das so nicht weitergehen kann."

Sonja senkte den Kopf. „Oh", flüsterte sie.

Michaela war gerührt. Sie legte ihrer Schwester den Arm um die Schulter und zog sie an sich. „Hör zu, ich werde ja nicht für immer fort sein. Ich werde auf jeden Fall anrufen und dir schreiben, okay?"

Sonja schniefte und nickte. „Ja, mach das. Wir sind schon ein seltsames Schwesternpaar, was?"

Michaela musste lachen und wischte sich eine Träne von der Wange. Sie räusperte sich. „Hast du eigentlich etwas von Paul gehört?"

Sonja schnitt eine Grimasse. „Er war vorgestern Abend zu Hause. Er ist wohl aus der Wohnung geflogen. Keine Ahnung, wo er sich jetzt herumtreibt. Mama ist mit den Nerven aus Sorge um ihn am Ende. Apropos ...", fuhr Sonja vorsichtig fort, „... was soll ich ihr denn sagen?"

Michaela zuckte mit den Schultern und lehnte sich zurück. „Sag ihr, dass es mir gut geht und dass ich mich melden werde. Du, wir sollten wohl besser gehen. Die Kellnerin guckt schon so komisch."

Sie hakte sich bei ihrer Schwester unter und begleitete sie zur Bushaltestelle.

Sonja knuffte sie in die Seite. „Wo gehst du denn jetzt hin?"

„Ich muss noch etwas erledigen. Was danach kommt ..." Michaela hob ihre Hände und zuckte lächelnd mit den Schultern. „Wir werden sehen. Mach dir keine Sorgen um mich. Pass auf dich auf, Schwesterchen."

Einundvierzig

„Du hast Nerven, hier einfach so unangemeldet aufzutauchen. Außerdem, erst erscheinst du einfach nicht zur Arbeit und dann kündigst du – einfach so? Wie stellst du dir das vor, wie sollen wir so kurzfristig einen Ersatz für dich finden?"

Michaela schwieg, wie schon die ganze Zeit, seit sie bei Herrn Kofler an der Tür geklingelt und ihr Anliegen vorgebracht hatte. Sie saß still auf der durchgesessenen Couch in diesem geräumigen Wohnzimmer mit den antiquierten Möbeln, die unter dem Gewicht scheinbar wahllos platzierter Bücher, Fotos und unzähligen Dekorationsgegenständen in den schrillsten Farben ächzten. An der Wand gegenüber, hinter dem massiven Esstisch und der samtroten gepolsterten Eckbank, hing ein Bild. Michaela interessierte weniger, was auf dem Bild zu erkennen war – ein schlichtes Landschaftsbild mit Bergen und Wald, nichts Besonderes –, als vielmehr, dass es schief hing. Es juckte sie in den Fingern, den Rahmen gerade zu rücken. Hellblaue zarte Vorhänge wehten im Luftzug vor dem großen gekippten Fenster. Sie wollten so gar nicht zu dem dicken, flauschigen weinroten Teppich unter ihren Füßen passen. Michaela vermutete, dass die modischen Vorhänge ein trotziger Versuch der Lebensgefährtin von Herrn Kofler waren, der Wohnung ihren Stempel aufzudrücken. In den Ecken stapelten sich Zeitungen und alte Kalender. Die Wohnung wirkte chaotisch, aber nicht schmutzig. Fast schien es, als wäre Herr Kofler ein emsiges kleines Eichhörnchen, das einfach alles hamsterte, was ihm unter die Finger kam.

Es war seltsam, ihren Chef in dieser Umgebung zu sehen. Mit vor der Brust verschränkten Armen tigerte er vor ihr auf und ab, ganz so, wie er es bei der Arbeit tat, wenn ihm etwas nicht passte. Was ja bekanntlich häufig vorkam. Michaela hatte ihn überhaupt noch nie außerhalb seiner perfekt aufgeräumten Küche gesehen. Doch hier fürchtete sie ihn nicht. Er wirkte seltsam nackt ohne seinen weißen Schurz und seiner weißen Haube. Geduldig wartete sie auf eine Pause in seiner Schimpftirade.

„Und Geld willst du auch noch. Ihr jungen Leute heutzutage gebt das Geld schneller aus, als ihr es verdient, und dann auch noch für den allergrößten Mist", wetterte er weiter. „Was glaubst du eigentlich? Dass ich zaubern kann?"

Erst jetzt schien ihm aufzufallen, dass Michaela noch nichts gesagt hatte. Er blieb vor ihr stehen und stemmte die Hände in seine breiten Hüften. Seine Augen funkelten unter den dicken Augenbrauen.

Michaela erhob sich, kramte in ihrer rechten Hosentasche und reichte ihm einen Zettel. „Es tut mir leid, dass ich Ihnen solche Umstände bereite. Ich muss Sie aber wohl bestimmt nicht darauf hinweisen, dass ich bisher absolut zuverlässig war, zuvor nicht einen einzigen Tag gefehlt habe und immer auch gerne kurzfristig eingesprungen bin, wenn Sie Hilfe gebraucht haben. Hier ist noch einmal die Nummer meiner Eltern. Verlangen Sie nach meiner Schwester Sonja, ich habe mit ihr gesprochen. Sie freut sich schon riesig darauf, endlich ihr eigenes Geld zu verdienen. Sie können sich auf sie verlassen."

Herr Kofler musterte das zusammengefaltete Papier, als wäre es eine stinkende tote Maus, nahm es aber trotzdem entgegen.

„Und was das Geld angeht, bezahlen Sie mir eben nur zwei der ausstehenden drei Wochenenden."

Herr Kofler musterte sie mit zusammengekniffenen Augen.

Michaela hob trotzig das Kinn und ermahnte sich, seinem Blick nicht auszuweichen. Da lächelte er plötzlich.

Verblüfft stellte Michaela fest, dass sie ihn noch nie lachen gesehen hatte. Außerdem war er ein ziemlich gut aussehender Mann, wenn er nicht so finster dreinschaute.

„Was ist denn eigentlich los, Mädchen? Du bist doch sonst so ruhig, freundlich und fleißig. Was ist geschehen?"

Seine überraschende Freundlichkeit war überwältigend. Michaela musste mit einem Mal gegen die Tränen ankämpfen. Zu gerne hätte sie ihm erzählt, dass sie ihre einzige wahre Freundin verloren hatte. Dass sie Gefühle hatte, die nicht in diese enge, kleine Welt passten. Dass ihr Vater, der in ihren Träumen ihr Held war, sie in Wirklichkeit beinahe totgeprügelt hatte. Dass ihre Mutter sie nicht lieben konnte, weil Michaela eine ständige Erinnerung an die schwärzesten Tage ihres Lebens war. Dass ihr Bruder, die einzige Konstante in ihrem Leben, dabei war, sich selbst zu verlieren. Dass die Familie, nach der sie sich sehnte, also die Eltern, die sie haben wollte, nicht die ihren waren, niemals sein würden. Unaussprechbare Worte, die irgendwo zwischen ihrem Herzen und ihrer Kehle stecken blieben und ihr die Luft abschnürten.

Michaela atmete tief ein, straffte die Schultern und sah Herrn Kofler in die Augen. „Ich glaube, Sie wissen, dass ich niemals hergekommen wäre, wenn ich nicht so dringend auf Ihre Hilfe angewiesen wäre. Mehr kann ich dazu nicht sagen."

Herr Kofler nickte bedächtig. „Na gut. Warte hier", brummte er.

Er verschwand im Nebenzimmer. Michaela war beinahe schwindelig vor Erleichterung. Sie ließ sich erschöpft wieder auf die Couch sinken. Sie konnte hören, wie ein Schlüssel in einem Schloss gedreht und eine Schublade geöffnet und geschlossen wurde. Herr Kofler erschien wieder im Wohnzimmer. In der einen Hand hielt er ein Kuvert, in der anderen Hand zwei Schnapsgläser und er hatte eine Flasche unter den Arm geklemmt. Er legte das Kuvert auf den Beistelltisch, die Flasche und die Gläser stellte er daneben ab. Ohne ein Wort zu sagen, schraubte er den Verschluss von der Flasche und füllte die beiden Gläser. Eines davon reichte er Michaela, die es zögernd entgegennahm. Ein beißender Geruch stieg ihr in die Nase.

„Ich lasse keinen meiner Mitarbeiter ohne einen Abschiedstrunk gehen", erklärte Herr Kofler grimmig. „Hast du schon jemals einen Treber getrunken?"

Michaela schüttelte den Kopf.

„Kipp ihn einfach in einem Mal runter, dann wird's nicht so schlimm. Ist ein selbst gebrannter, von einem guten Freund von mir", fügte er verschwörerisch blinzelnd hinzu. Er hob das Glas, Michaela tat es ihm gleich und trank ihr Glas leer. Es war, als hätte ihr jemand ein flammendes Schwert durch die Kehle direkt in den Magen gerammt. Sie hustete keuchend. Aber die

Wärme, die sich sofort bis in ihre Zehenspitzen ausbreitete, war herrlich.

Herr Kofler schmunzelte. „Kannst ja nicht einfach fortgehen, ohne einmal einen Treber getrunken zu haben." Dann wurde er wieder ernst. „Was hast du überhaupt vor? Hast du schon irgendwelche Pläne?"

Michaela, die immer noch kaum ein Wort herausbrachte, krächzte ein Nein. Gedanken an ihre Zukunft bereiteten ihr eine höllische Angst. Sie konzentrierte sich lieber darauf, einen Schritt nach dem anderen zu machen.

„Dachte ich mir schon. Ihr jungen Leute ..." Kopfschüttelnd ging Herr Kofler zu einem hohen Regal, öffnete eine Schublade und kramte vor sich hin grummelnd darin herum. „Hier, das ist ein Restaurant in Hamburg. Weißt du, wo Hamburg ist? Gut. Wenigstens etwas bringen sie euch in der Schule noch bei. Dieses Restaurant gehört einem guten Freund von mir. Grüß ihn von mir. Er kann dir vielleicht helfen."

Michaela blinzelte. Erneut standen ihr die Tränen in den Augen. „Ich ... danke, ich weiß ..."

Ihr Chef machte eine wegwerfende Geste. „Ich würde inzwischen alles tun, nur um dich wieder loszuwerden. Was dir bloß eingefallen ist, einfach hierherzukommen. Nicht einmal ein bisschen Freizeit wird einem noch gegönnt", polterte er und wies zur Tür. „Jetzt sieh zu, dass du rauskommst."

Michaela lächelte und beeilte sich, die Wohnung zu verlassen.

Hamburg. Ein Name. Eine Stadt. Ein Ziel. Endlich war da etwas wie Hoffnung.

EPILOG

2005
Michaela lächelt

„Zu viele".

„Was?"

Michaela riss ihren Blick von der Kirche und der Kapelle los. Sie sah ihre Schwester an, die sich bei ihr untergehakt hatte. Sonja ähnelte der Mutter immer mehr. Sie war ebenso hübsch, mit dem Unterschied, dass die Mutter immer noch sehr schlank und Sonja umso fülliger war. Kein Wunder, nach drei Geburten innerhalb von fünf Jahren. Aber Sonja wirkte zufrieden.

„Zu viele Beerdigungen. Wir waren schon auf zu vielen Beerdigungen."

Sonja nickte. Falten, die gar nicht in ihr immer noch junges Gesicht passten, gruben sich in ihre Mundwinkel.

Michaela drückte ihre Hand. Sie wusste, dass Sonja genau wie sie selbst an Paul dachte. Im kommenden Winter jährte sich sein Todestag zum zehnten Mal, und trotzdem war der Schmerz oft immer noch so frisch wie damals. Michaela fragte sich, ob jemals der Tag kommen würde, an dem sie sich selbst verzeihen konnte. Sie wusste auch nicht, ob sie das überhaupt wollte. Sie hatte ihren Bruder einfach verlassen, ihn im Stich gelassen. Sie hatte ihm nicht geholfen, war zu sehr mit ihren eigenen Problemen beschäftigt gewesen. Die Vernunft sagte ihr, dass sie nichts hätte tun können. Ihr Herz sang eine andere Melodie.

Wahrscheinlich ging es Sonja ebenso. Doch sie hatten aufgehört, über Paul zu sprechen, besonders in Gegenwart der Mutter. Jede von ihnen hortete die Erinnerungen und den Verlust auf ihre eigene Weise.

„Was für eine Unart, sich nur zu solchen Gelegenheiten zu treffen", fügte Sonja, schon wieder neckisch, hinzu.

Michaela musste schmunzeln. Manchmal tat es ihr leid, dass ihre Schwester und sie sich so selten sahen.

Der Mai zeigte sich von seiner schönsten Seite. Die Sonne wärmte die trauernden Herzen, Vögel zwitscherten tröstend, Schmetterlinge flatterten umher, als wollten sie an die Schönheit des Lebens erinnern. Die beiden Frauen verstummten, weil gerade der Sarg aus der Kirche getragen wurde. Eine beinahe unüberschaubare Menschenmenge folgte dem Sarg. Auch Sonja und Michaela gesellten sich dazu. Die zwei Frauen hielten sich auf dem Friedhof im Hintergrund.

Der Anblick des frisch geöffneten Grabes ließ Michaela erschauern. Sie schloss die Augen. Doch die Trauer, die sie dieses Mal empfand, war natürlich. Friedlich. So wie bei Luis' Beerdigung damals. Kaum zu glauben, dass auch diese schon acht Jahre zurücklag.

Um sich abzulenken, sah sie wieder Sonja an. „Vielen Dank, dass du mich heute begleitest."

Die Schwester drückte ihre Hand. „Ist doch selbstverständlich. Ich weiß, was sie dir bedeutet hat."

Nein, das weißt du nicht. Aber das ist schon in Ordnung, dachte Michaela. „Na, so selbstverständlich ist das ja nicht, mit den Kindern."

Sonja grinste sie nur an. „Oh, Mama tut doch nichts lieber, als auf die drei Racker aufzupassen."

Das stimmte, sehr zu Michaelas Verwunderung. Bei den seltenen Gelegenheiten, in denen sie ihre Familie besuchte, konnte sie beobachten, wie ihre Mutter im Umgang mit den Enkelkindern regelrecht aufblühte.

Neugierig musterte sie die Umstehenden. Manche erwiderten ihren Blick mit derselben Offenheit. Sie war überrascht, wie viele der Anwesenden sie noch kannte. Dort drüben standen Edith, Ursula und Hannes. Verstohlen winkte Michaela ihnen zu. Sie freute sich schon darauf, sich später mit ihnen zu unterhalten. Nur gut, dass keiner hier Gedanken lesen konnte. Aber Mamme hätte es nichts ausgemacht. Sie hätte sich darüber gefreut, dass auf ihrer Beerdigung wieder an alte Kontakte angeknüpft wurde.

Als sie an der Reihe waren, legte Michaela eine Rose auf Marias Sarg. „Pfiati Mamme", flüsterte sie lautlos. Sie war unendlich froh, dass sie Maria vor einem Monat noch einmal besucht hatte. Dass sie noch Abschied nehmen konnte.

Es gab nichts weiter zu sagen. Sie gab Gerda, Alfons, Stefan und Andrea die Hand und murmelte ihre Beileidsbekundung. Dann strebte sie mit Sonja im Schlepptau so schnell wie möglich dem Ausgang zu. Sie konnte es kaum erwarten, sich mit den anderen im Gasthaus zu treffen.

„Wie geht es eigentlich Clara?", erkundigte Sonja sich so beiläufig wie möglich.

Michaela unterdrückte ein Grinsen. Sie wusste, wie schwer es Sonja und dem Rest ihrer Familie fiel, ihre „Lebensweise" zu akzeptieren. Daher wusste sie Sonjas höfliche Frage umso mehr zu schätzen. „Sehr gut, danke."

„Wie schade, dass sie nicht mitkommen konnte."

Als hätte Michaela sie mitgebracht. Nein, ihre Clara war gut aufgehoben in Köln, wo sie zusammenlebten.

„Und dein Restaurant?" Sonja liebte ihr Leben als Hausfrau und Mutter, aber sie gab auch offen zu, dass ihr manchmal die Decke auf den Kopf fiel und sie das ständige Zusammensein mit den Kindern wahnsinnig machte. Sie war immer begierig auf Neuigkeiten aus dem Leben anderer Leute.

„Oh, das läuft großartig", berichtete Michaela begeistert. „Ich spiele mit dem Gedanken, ein zweites zu eröffnen. Aber sicher bin ich mir nicht. Ich habe ja so schon kaum Freizeit."

Sie hatten das Gasthaus erreicht. Bekannte Gesichter liefen einladend grüßend an ihnen vorbei. Michaela wollte ihnen folgen.

„Warte, Michaela."

Fragend sah sie Sonja an, die plötzlich verlegen wirkte.

„Mama hat gefragt, ob du noch zum Abendessen bleibst oder ob du gleich wieder fortmusst? Sie hat uns alle eingeladen und gesagt, sie würde sich freuen, wenn du auch kommst. Wir würden uns alle freuen. Natürlich nur, wenn du Zeit hast."

Michaela legte den Kopf in den Nacken und blinzelte in den wolkenlosen Himmel. Ein weißer Schmetterling flog dicht an ihr vorbei. Seine Flügel streichelten ihre Nasenspitze. Michaela lächelte.

„Ja, klar. Ruf sie ruhig an und sag, die Zeit nehme ich mir gerne."

NACHWORT

Die Pflegefamilien, wie wir sie heute kennen, sind mit jenen, wie es sie in Südtirol noch bis in die frühen 1990er-Jahre gab, nicht zu vergleichen. Hierzulande hatte das Pflegekinderwesen eine lange Tradition: War eine Familie in Schwierigkeiten, suchte und fand sie Hilfe in der Solidarität einer anderen verwandten oder nachbarschaftlichen Hilfe (*vgl. S. 107 „Geschichte des Sozialdienstes – Geschichten der Sozialassistenten in Südtirol von 1949 bis 1999“*). Im restlichen Staatsgebiet war diese Form des Anvertrauens so gut wie unbekannt.

Damals ging es in erster Linie darum, den Kindern ein Dach über dem Kopf und anständige Mahlzeiten zu bieten. Alles lief noch recht unbürokratisch über die Bühne. Allerdings waren weder die Rechte der leiblichen Eltern noch die der Pflegeeltern und schon gar nicht jene der Kinder gesetzlich klar geregelt. Auch gab es keine psychologische Betreuung für die Beteiligten. Viel zu wenige Sozialassistentinnen und Sozialassistenten waren in der gesamten Provinz Südtirol für praktisch alle Belange zuständig: soziale Betreuung von Kindern, Arbeitswaisen, Senioren, Invaliden, Beratung der ledigen Mütter, Sozialhilfeempfänger usw. Die Arbeit, die sie geleistet haben, war (und ist) beeindruckend. An dieser Stelle kann ich allen nur die Lektüre des oben erwähnten Manuskripts, herausgegeben von der Autonomen Provinz Bozen, empfehlen, welches mir für die Recherchen zu diesem Buch sehr hilfreich war.

In der Realität starb Michaela im Mai 1976 infolge der Misshandlungen, die ihr im elterlichen Haushalt zugefügt worden waren. Sie war zu diesem Zeitpunkt gerade einmal zwei Jahre und neun Monate alt.

Ein Foto von diesem wunderhübschen kleinen Mädchen hing in der Stube der Pflegefamilie, in der meine Mutter aufwuchs und in der auch ich selbst einen Teil meiner Kindheit verbracht habe. Ich kannte Michaela nicht. Sie starb, noch bevor ich geboren wurde. Aber ihr Schicksal hat mich immer schon zutiefst berührt.

Im Laufe der Jahre wurde in mir der Wunsch immer größer, über sie zu schreiben. Dabei ging es mir nie darum, ihren „Fall“ zu dokumentieren. Stattdessen hatte ich das dringende Bedürfnis, diesem kleinen Mädchen in Form eines Romans ein zweites Leben zu schenken. Vielleicht ist es mir hiermit ja gelungen.

Obwohl wir heute in einer Welt leben, in der die Rechte der Kinder wie nie zuvor in den Fokus gerückt sind, obwohl es eine schier unüberschaubare Anzahl an Ratgebern und Unterstützung in den unterschiedlichsten Formen gibt, werden immer noch viel zu viele Kinder psychisch, physisch und sexuell missbraucht. Noch immer sind die Rechte der Kinder in viel zu wenigen Staaten gesetzlich verankert. Noch immer erfahren zu viele Kinder zu wenig Schutz. Noch immer wird viel zu wenig öffentlich darüber gesprochen: über das, was wir selbst in unserer Kindheit erfahren haben; darüber, wie wir unsere eigenen Kinder behandeln. Die Hemmschwelle ist groß. Vielleicht, weil Eltern Angst davor haben, als „Rabeneltern“ dazustehen. Vielleicht gibt es auch immer noch zu wenige Anlaufstellen – Menschen, an die man sich wenden kann, wenn man wirklich nicht mehr weiterweiß. Vielleicht hat man auch immer noch zu große Angst davor, dass einem die Kinder weggenommen werden, wenn man seine Schwächen zugibt.

Ich bin selbst Mutter von zwei kleinen Kindern und weit davon entfernt, perfekt zu sein. Aber immer, wenn ich wieder an meine physischen und psychischen Grenzen komme – und das kommt nicht selten vor –, denke ich an Michaela. Dann fällt es mir wieder leichter, meine Kinder zu umarmen und sie einfach so zu lieben, wie sie sind.

Bedanken möchte ich mich bei Cristina Tinkhauser, Dr. Rosmarie Stocker, Elfriede Cristofolini, meiner Mutter Monika Zöschg, Hansjörg Klotz, Gilbert Siller, Roland Pernthaler und allen anderen, die mir bei der Recherche zu diesem Buch geholfen haben.

Herzlichen Dank auch an Nadia Spöttl und Patrizia Trafoier, meine fleißigen Testleserinnen.

Ich widme dieses Buch Anna und Johann
und all ihren Kindern, sowohl den leiblichen wie auch all jenen,
denen sie ein Zuhause geschenkt haben.

Meine Seele weint

Monika Habicher

In ergreifend und beeindruckend direkter Art beschreibt ein Mädchen, was sich in seinem Inneren abspielt, während es über Jahre hinweg Gewalt in seiner Familie erfährt. Die Last, die Sorge und der Schmerz sind enorm. Psychischer Stress und die Absenz von Schutz und Liebe wirken sich traumatisierend auf die Entwicklung des Kindes aus. Dennoch wird klar, dass es in seiner Natur liegt, seine Eltern zu lieben und loyal zu sein, egal was passiert …

ISBN 978-88-6839-104-1
E-Book 978-88-6839-116-4

Die Stille, die im Schatten blüht

Christina Feiersinger

Erst 23 Jahre alt und schon so krank: Diagnose Morbus Still. Simon hatte Träume, er hatte Hoffnungen und Pläne. Alles zerschlagen, alles von der Krankheit verschlungen – von einem Moment auf den nächsten. Wie ein Sturm zog sie über sein Leben hinweg und hinterließ nichts als Verwüstung. Doch er wollte sich ihr nicht einfach ergeben …

ISBN 978-88-6839-296-3
E-Book 978-88-6839-297-0

Demenz

Wally Platino

„Das Erleben Mutters Endloser Nicht-Zeit" – in Kurzform DEMENZ. Es sind tägliche Momentaufnahmen über den langen Leidensweg der demenzkranken Mutter – mit allen dazugehörenden menschlichen Höhen und Tiefen. Ohnmächtig und hilflos steht die Tochter dem langsamen Verschwinden eines Menschen gegenüber, einem zum Kind zurückkehrenden Menschen. Hinzu kommt, dass diese keine gute Mutter war.

ISBN 978-88-6839-169-0
E-Book 978-88-6839-187-5

Abschied für immer – schleichend rasant

Markus Dorn

Was harmlos mit einer anfänglichen Wesensveränderung von Edda Piechele Dorn beginnt, wird innerhalb weniger Monate zur tödlichen Gewissheit: Diagnose Creutzfeldt-Jakob-Krankheit. Diese äußerst seltene Prionerkrankung gibt der Forschung bis heute Rätsel auf. Markus, dem der Umgang mit leidenden Personen bisher völlig fremd war, muss sich mit dieser schrecklichen Krankheit und dem Verfall seiner Frau auseinandersetzen.

ISBN 978-88-6839-168-3
E-Book 978-88-6839-186-7

Himmelschlüssel

Sigrid Mahlknecht Ebner · Katharina Weiss

Acht Südtiroler Frauen mit unterschiedlichem Hintergrund erinnern sich an ihre Kindheit und Jugend. Zumeist gerne blicken sie zurück in ihre Vergangenheit, auch wenn diese für einige der Frauen nicht immer leicht war. Viele Schicksale sind geprägt von harter Arbeit, die in frühester Kindheit verrichtet werden musste. Entbehrungen, Verluste, Auswanderung und Flucht prägten bei anderen die Jugend.

ISBN 978-88-6839-292-5
E-Book 978-88-6839-293-2

Harte Jahre – starke Frauen

Sigrid Mahlknecht Ebner · Katharina Weiss

Das Buch erzählt wahre Geschichten aus dem Leben von fünf Südtirolerinnen, beginnend in der Habsburgermonarchie um 1900 bis heute. Vor dem gemeinsamen Hintergrund von Faschismus, Krieg, Nachkriegszeit und Aufbruch in die Moderne berichten sie von ihrem Weg durch das 20. Jahrhundert, gezeichnet von schwerer Arbeit, Armut und Unterdrückung, aber auch von Momenten des Glücks, von Kraft und Stärke.

ISBN 978-88-6839-102-7
E-Book 978-88-6839-114-0